我沒時間討厭你

香奈兒的
孤傲與顛世

L'ALLURE
DE CHANEL

保羅·莫朗·著　段慧敏·譯
PAUL
MORAND

前言

我初次走進康朋街，是在一場一九二一年的聖誕聚餐。米希雅[1]曾對我們說：「你們全部是可可的客人。」「全部」，也就是我們被合稱為「子牛隊」的六人組。我們是都德夫人[2]沙龍裡的年輕人，是尚．雨果[3]在皇宮的工作室裡的常客，也是米堯[4]家週六晚宴的座上嘉賓。當時香奈兒尚未征服巴黎，擺在沙龍的餐台仍維持著一九一四年的樣子，因此整個房間看上去好像一間診所。房間內擺著朗維爾夫人的烏木屏風，屏風上的秋葉依然明晰。香奈兒除了那些來自多維爾（Deauville）的常客，那些馬球愛好者和過世不久的卡柏友人的陪伴之外，她非常地孤單、羞怯，也非常地警戒。當晚，米希雅為她帶來了在未來伴隨她的伙伴——菲利普．貝特洛[5]一家、薩堤[6]、里法[7]、奧里克[8]、塞貢札克[9]、里普希茨[10]、布拉克[11]、呂克—阿爾貝．莫羅[12]、拉迪吉[13]、賽爾特[14]、茹昂多[15]、畢卡索、考克多[16]、桑德拉[17]（他這時還不叫雷弗迪）。這群人的出現意味著與一九一四年的告別。過去已經消逝，一條康莊大道通往明天。在這個明天裡，一旦提起銀行家，我們想到的不再是索羅門，而是鮑伊或路易斯；薩堤也不再將「西班牙」寫成España，而是以法語的方式寫為Espagna。香水不再用「絳草」或「秋夢」這樣的風格命名，而是像囚犯一樣掛上編號。你這時還看不出香奈兒的天分，沒有任何跡象顯示出香奈兒的權威、強硬，以及挑剔的專制，也沒有任何蛛絲馬跡透

1 Misia Sert：詳見後篇「米希雅」。
2 法國作家都德（Alphonse Daudet）之妻。
3 Jean Hugo：（1894-1984）法國文豪雨果的曾孫，身兼作家、畫家、劇場設計者。
4 Darius Milhaud：（1892-1974）法國作曲家，音樂團體「六人組」代表。
5 Philippe Berthelot：（1866-1934）法國政治家。
6 Erik Satie：（1866-1925）法國音樂家，「六人組」之一。

露出她的性格注定將為她贏得盛名。只有米希雅以她那種舊貨商的嗅覺預感到香奈兒必將發跡，也只有米希雅在香奈兒的輕浮之中發現了她的嚴肅，她細膩的思想，靈動的手指，以及絕對的性格。在眾多賓客的喧嚷聲中，香奈兒臉上的神情在謹慎之中卻透著無限的魅力，而她的羞怯卻讓人沒緣由地深受感動，或許這是因為她新近服喪之故。看起來似乎有些飄忽不定的香奈兒彷彿懷疑起自己的生命，再也不相信幸福。我們對她迷戀不已，她彷彿屬於那種早已不復存在、帶有十九世紀風格的天使。誰能想到當晚我們是在這樣一個天使的家裡共餐呢？

榭維涅夫人曾寫到：「您知道『凋』這個字是什麼意思嗎？」「凋」這個字在法語裡可以指把牧草攤開來晾乾，也可以表示讓事物不再新鮮。毫無疑問，香奈兒讓戰前的時光「凋謝」，讓沃斯（Worth）和帕坎（Paquin）的時裝設計顯得了無生趣。香奈兒是一個牧羊女，她知道羊群的蹤跡，她熟悉草料、牛羊的糞便，熟悉用來製靴的皮革、清洗馬鞍的香皂和樹下的灌木叢。「我們的世紀將是牧羊人報復的時代。」《農民新貴》書中如是寫到。香奈兒一如馬里弗（Marivaux）所說的「穿著襯裙與平底鞋的小女孩」，將要面對「城市的險惡」，她們終將帶著固執的復仇意念發起革命，戰勝危險。聖女貞德的事跡，同樣也是牧羊

7 Serge Lifar：（1905-1986）烏克蘭籍芭蕾舞者、編舞家，被譽為二十世紀最佳芭蕾男舞者。
8 Georges Auric：（1899-1983）法國作曲家，曾為電影《日安憂鬱》配樂。
9 André Dunoyer de Segonzac：（1884-1974）法國畫家。
10 Jacques Lipschitz：（1891-1973）立體派雕塑家。
11 Georges Braque：（1882-1963）法國畫家，與畢卡索共同發展出「立體派」運動。
12 Luc-Albert Moreau：（1882-1948）法國畫家。

人的革命。馬里弗還曾說過，「我們的世紀預示了牧羊人的反抗，我警告你們，農民是具危險性的。」香奈兒便屬於這樣的危險群體。她曾說過：「女人的身體在禮服、綴邊、胸衣、內衣和墊料下汗流不止，是我解放了她們的身體。」香奈兒將鄉村的青綠色彩展現在世人面前；正如二十年前，柯蕾特套著相同的學生罩衫，繫著同樣的大花領結，穿著同樣的孤兒院的鞋子來到巴黎。當時，柯蕾特同樣為文學界帶進一股來自鄉間的清新氣息。香奈兒從沒放棄過復仇的思想，這樣的想法讓她剪去一頭長髮，只因長髮常常勾住胸衣的束帶；這種想法也戳破了她心中一個關於失樂園的夢，但這個樂園也僅存於想像之中，因為童年留下的深深印記讓她厭惡不已，不斷逃避。

多麼神祕又多麼複雜啊！她的痛苦，她對破壞的偏好，對責罰的喜愛，她的驕傲，嚴厲，諷刺，她那毀滅性的狂熱，時好時壞的絕對性格，極富創造性卻又好似劫掠者的本能——香奈兒的陰暗面正在於這些地方。這位冰山美人為那些用金質餐具吃飯的億萬富翁創造了看似貧乏卻昂貴的簡樸，讓他們去追尋那些不入眼的東西——遊艇的銅金色、海軍的藍白色、水手的帆布帽、柴郡老別墅內牆筋柱的黑與白、羅克布羅恩薰衣草花田裡的深灰色、布倫塔的野餐、在帕莎餐廳一頓沒有僕人伺候，眾人分享成排爐內野味的晚餐。過往從來沒

13 Raymond Radiguet：（1903-1923）法國早夭詩人、作家。

14 José Maria Sert：詳見後篇〈義大利之旅〉。

15 Elise Jouhandeau：法國作家Marcel Jouhandeau之妻。

16 Jean Cocteau：（1889-1963）法國藝術家、香奈兒的摯友。

17 Blaise Cendrars（Reverdy）：（1887-1961）瑞士籍小說家、詩人。

有人能把附庸風雅提升到這種程度。

香奈兒性格剛硬，手指靈活，措辭巧妙，言語簡潔；那些浮誇的格言警句彷彿從一顆燧石般的心中落下，又源源不絕地從復仇女神的口中傾瀉而出。她贈禮和收回的方式更讓人稱奇——她送你禮物，就像在羞辱你似的。（她曾在電話中說：「我送了六尊來自威尼斯的黑人雕像給您，我實在受不了這些東西。」）她身上所有的特點都源於她那段農村、不甚愉快的童年生活。那些農民不過是單純地希望自己的孩子能比自己更強。

一九〇〇年起，像杜塞（Doucet）先生或浪凡（Lanvin）夫人這樣的服裝訂製生意已不受青睞，而香奈兒卻從一九二五年起，不但讓顧客接受自己的訂製生意，而且還貶低這些客戶。她為伯爵大公付清酒店帳單，把王親貴族當成女僕，這種報復延伸到對待物品的態度上；她剪去一頭長髮，同時把貂皮貶抑到做為風衣的襯裡，又用平凡無奇的毛織緊身上衣掩蓋絲綢的光澤，用傘兵制服的深色取代了各式鮮豔色彩。她拒絕嫁給西敏公爵，或許這也是一種抹煞特拉法加海戰和滑鐵盧戰役的出人意料的方法？因為曾經窮過，她樂於把寶石視為普通石頭；在某次舞會上她曾將自己的藍寶石項鍊借給貧窮的女孩（後來她指控她們偷走了她的寶石）。

有時，她那因持續憤怒而鼓起的鼻翼也會停止顫動，這時她會顯露某種倦態，洩露出內心枯瘠的祕密，然而這僅會稍稍閃現。雖然此時她離不開你，但明天你就會讓她覺得難以忍受。香奈兒是一位復仇女神。

在她如洪流般的聲音中彷彿有無數的火山熔岩纏繞著，說出的字句像乾枯的枝蔓不停地爆裂，就連她辯駁的話語也像鳥禽的長喙不停啄咬。隨著年齡增長，她說話的語氣日益專斷，卻也更加衰弱無力。一九四六年的冬天，我在聖莫里茲酒店和她重逢，一連幾個晚上聽著她這種說話的語調。那時她首度失業，無所事事，情緒自然難以自抑。她固執地逃亡到瑞士的恩加丁（Engadine），猶豫著是否該重返康朋街，等待轉運的時機。那時，她覺得自己正為過去所擾，飽受尋回的時間所侵襲。此刻的她彷彿是時裝界的蓋爾芒特夫人，或是突然來到戴高樂時代的維爾迪蘭夫人[18]。黑色的膽汁從她炯炯有神的雙眼流洩而出，她那用軟黑眉筆勾描出的眉峰愈加鮮明，就像一道玄武岩構成的拱門。香奈兒仍是一座奧維涅的火山，但全巴黎卻誤以為這火山早已熄滅。

這段單獨的談話已經過了三十年，當年我回到房中只是草草寫下幾行註記，之後也沒再想到這份手稿；記憶裡除了米希雅令人難忘的模樣之外，我幾乎已經忘記這份手稿了。去年

18 Guermantes、Verdurin：蓋爾芒特、維爾迪蘭同為《追憶似水年華》書中人物。

八月搬家到瑞士前，一些偶然的機緣讓我重拾這些已經泛黃的紙頁。香奈兒逝世後的今天，許多關於她的詳盡著作都已出版，不論是精彩的小說，或是精美的回憶錄，代表的都是一段遲來的友誼。

我很高興地重讀這些寫在印有巴德魯特宮酒店籤頭的手稿，而後我又和皮耶·貝瑞[19]一起分享這份懷念，他請我將手稿用打字機打出。這是一條險路……書中文字沒有夾雜一絲源自於我的思想，這些文字全然屬於一個故人的亡魂。但在九泉之下，香奈兒依然維持著一種急進的步伐，那是她唯有的正常步調。這個「步調」有各種意義，不論是動作與內心，她都踏著急進的步伐向前，正如馬術所指的馬的三種步調，也如狩獵所說的鹿的「折枝蹤跡」，亦即鹿經過樹叢時的路線和弄斷的樹枝。香奈兒曾經來過這兒，香奈兒也曾經到過那兒。三十年過去了，身後已是一片廣闊森林……

19 Pierre Berès：（1913-2008）法國書商、珍本書藏書家。

孤獨

今晚，我不是在我的出生地蒙多爾（Mont-Dore）跟您說起這些事。我人在聖莫里茲，對面便是貝爾尼納賓館。多年前的某天，在一幢黑色的房子裡，屋內的人冷淡、無動於衷地接待了一個傲慢內向的小女孩。現在，我不是在這幢黑房子對您訴說我的過去；我置身在這燈火通明的酒店裡，有錢人在這裡享受著讓他們費心勞神的消遣活動。對我而言，不論我今天身處之地是瑞士或昔日的奧維涅，我能感受到的，只有孤獨。

六歲時，我已孤身一人。我的母親剛剛去世，父親如釋重負般地，把我寄養在姨媽那裡，而後去了美國，從此沒再回來過。

孤兒……從那時起，這個字眼就會讓我害怕得渾身發抖，現在依然如此。看到寄宿學校的小女孩走過眼前，聽到有人說「她們是孤兒」時，我總不禁眼眶泛淚。然而，半個世紀過去了，在這個悲慘世界裡最後幸福、奢華與歡樂的時刻之中，我很孤獨，依然孤獨。

比任何時候都來得孤獨。

在這些最初的談話裡，我提到了孤獨。我不會將它寫做「孤獨……」，我不會在這個詞後面加上一串省略號，這麼做只會讓我的孤獨渲染出一種有違我本性的憂鬱色調；我也不會在後面加上驚嘆號，這種感嘆也只會徒然帶有挑釁世界的意味。我只想表明我成長、生活在孤獨之中，又孤獨地老去。

孤獨錘鍊出我的個性，讓我擁有暴躁、冷酷又傲慢的靈魂和強健的身體。我的一生，是一個孤獨女人的故事；這故事通常是一齣悲劇。這故事關乎她的不幸與偉大，關乎她所堅持的抗爭——她和自己、和男人的抗爭，她和隨時隨地可能碰上的誘惑、危險和脆弱的抗爭。

孤獨，在今天這個雪域的陽光中……我仍然無夫無子、沒有任何迷人的幻想——那些幻影讓我們相信這世界上住著和我們同樣的人，他們同樣孤獨地工作，孤獨地生活。

少女可可

每個小孩都有一處「祕密基地」，可以躲在那裡玩耍和作夢。我的祕密基地是奧維涅的一座墓園。在那裡，我不認識任何生者，也不認識那些逝者；我不為任何人而哭，也沒有誰來過這裡。那是一座古老的鄉間小墓園，幾處荒塚掩映在雜草間。我是這個祕密花園的女王，我喜歡那些地下的居民。

「只要還有人想念著他，那麼逝者就不算死去」，我自言自語地說著。

我喜歡兩處無名墓，墓上的花崗岩和玄武岩石板成了我的休息室、小客廳和祕密居所。我會帶著鮮花到那裡，在凹凸不平的小土丘上，用矢車菊擺出心形圖案，用虞美人排出窗子，用雛菊勾勒紋飾。有兩次採蘑菇的時候，我帶著我的碎布娃娃來這裡做客；那是我最喜歡的玩具，因為它是我親手作的。我向我沉默的伙伴傾訴我的喜樂與哀愁；我想，我沒打擾到他們最後的長眠。

我想確定有人會喜歡我。但和我一起生活的，卻都是一些冷酷無情的人。我喜歡自言自語，不聽別人對我說什麼；或許這是因為最初讓我敞開心扉的，都是已經死去的人。

當夜幕降臨，我和父親抵達姨媽家。我們服著重孝，因為我的母親剛剛過世。我的兩個姊姊被送進了修道院女校；而最為理智的我，被託給仍保有布列塔尼風格的姨媽，她們是我母親的日耳曼表姊妹。我們進門的時候，姨媽冷淡地接待我們，她們點亮油燈，想看清楚我的臉。姨媽已經吃過晚飯，但我們還沒有；她們非常驚訝，竟然有人奔波了一整天卻滴食未進。父親和我的到來打亂了她們的作息和節儉的生活，但她們身上那種鄉下人的吝嗇與粗魯可沒占上風，最後她們還是心不甘情不願地說：「我們去煮兩個蛋。」小可可聽出了她們語氣中的勉強，這樣的態度深深地刺傷她。儘管當時已是飢腸轆轆，但看到雞蛋的時候，她搖頭說「不」。她拒絕了，她放棄了，她大聲地說她不喜歡雞蛋，她討厭雞蛋。事實上，她非常喜歡吃蛋，但在這個陰沉的夜裡，在和姨媽初次接觸之後，小可可知道她必須對一些事情說不，必須對呈現在姨媽面前、呈現在所有人面前、呈現在新生活面前的一些事情瘋狂地說「不」。此後，在蒙多爾生活的十年裡，小可可深陷於她最初的謊言和自己固執的拒絕中，以至於流傳的謊言最終成了無法辯白的傳奇接踵而來。此後，每當我把一大塊煎蛋送到嘴邊，希望世人忘記我的傳奇時，耳畔便會聽到姨媽們尖酸刻薄的聲音：「妳很清楚那是雞蛋。」神話就是這樣謀殺了它的主人翁。

出於一種渴望、一種對生活極其強烈的渴望，以及被愛的需要，我對一切說不；因為在姨媽家裡，一切事物都會刺激和傷害到我。可惡的姨媽！可愛的姨媽！她們是村裡的有產階級，只有在冬天或惡劣的天氣裡才肯到城裡去，但她們從未遠離這塊哺育她們的土地。對可惡的姨媽而言，愛情是一種奢侈，而童年是一種罪孽。不過，姨媽也很可愛，她們的壁爐櫃子裡總塞滿了醃肉和燻肉，餐櫃裡也總擺滿奶油和果醬，衣櫥裡則疊滿了漂亮的伊索爾[1]布料製成的床單，這些東西都由奧維涅的流動販子銷往世界各地。姨媽家裡的衣服非常多，多到輪穿一年只需換洗兩次就夠了。我很清楚奧維涅人的生活不是非常地乾淨整潔，但相對於我們今天的行頭來說，姨媽擁有的衣服也的確太多了。我們的僕人帶著管狀的頭飾，因為她們從十五歲起，就開始剪下頭髮賣掉，這是高盧時代便有的習俗，羅馬時期的貴婦就已經梳著這樣的髮式了。姨媽送我到學校去上教理課，但我在學校什麼也沒學到，我所有的知識和老師所教的一切毫不相干；我相信的上帝也不像神父所說的那樣仁慈。姨媽讓我複習功課，因為她們自己早就忘記了教理課的內容，所以她們就從我的課本裡找問題問我。我回答得非常好，更有趣的是，我在閣樓裡找到了另一本課本，把它一頁頁撕下來，這樣我就能把姨媽問我的內容藏在手心裡。

閣樓……閣樓裡藏著多少寶藏啊！閣樓是我的圖書館，我什麼都讀。我在閣樓裡找到浪漫的泉源，這泉源滋養了我往後的一生。姨媽從不買書，她們從報紙上剪下連載小說，然後

1　Issoire：法國中部小城，位在Puy-de-Dome省內。

一起討論這些發黃報紙上的文章。小可可就在閣樓裡貪婪地讀著。我把讀過的小說整段整段地抄進作業裡，老師吃驚地問我：「妳究竟是在那兒找到這些的？」那些小說教會了我如何生活，造就了我的敏感與驕傲；對此，我始終引以為傲。

我討厭對人卑躬屈膝、低聲下氣、畢恭畢敬。我討厭掩飾思想、屈從他人或違背自己的意願行事。無論過去還是現在，在我的行為舉止、毫不修飾的語氣、犀利的目光、嚴肅的臉色和絕對的性格中，時時刻刻都閃現著一種驕傲。我是奧維涅唯一未熄滅的火山。

我曾有過像馬鬃一樣的黑髮、像掃煙囪工人會有的黑眉毛、如火山熔岩似的黑皮膚，我黑色的性格就像永不屈服的心靈。我曾經是個叛逆的孩子、叛逆的情人、叛逆的裁縫、一個真正的混世魔王。儘管我的姨媽並不壞，但我相信無論她們是好是壞，結果都一樣。蒙多爾事實上也不是什麼恐怖的地方，但對我而言，這地方的確讓我厭惡不已。兒時的經驗讓我變得堅強，我今天的性格都該歸因於那時的嚴厲教育。是的，驕傲是我壞脾氣的關鍵，是我孤僻的性格與如同茨岡人[2]般獨立的原因。驕傲同時也是我成功的祕訣，它就像一條「阿莉安娜的金線」[3]，時時指引我找回自己。

因為有時我會迷失在一則則關於我的傳奇所構築而成的迷宮裡。我們每個人都有關於自

2 Tzigane：匈牙利系的吉普賽人。

3 fil d'Ariane：在希臘神話中，阿莉安娜是克里特島米諾斯國王的女兒，她將金線送給走入迷宮，前去挑戰牛頭人身怪物米諾陶的忒休斯，以幫助他走出迷宮。

己或愚蠢或美妙的傳奇，我的傳奇是由巴黎與外省、白癡與藝術家、詩人與上流人士共同締造而成。這傳奇千變萬化，既複雜卻又粗淺得讓人難以理解，我因而迷失其中。我的傳奇不僅扭曲了我的形象，還讓我換上另一張臉。每當我想從中辨認自己時，我能想到的只有那種驕傲。對我而言，這驕傲邪惡與美德兼具。

我的傳奇建立在兩個堅不可摧的支柱上。第一，我的來歷不明，我的出身是來自音樂廳、歌舞劇場還是妓院？對此我深感遺憾。還有更有趣的第二點，有人說我是能點石成金的「米達斯女王」[4]。

有人說我有聰明的商業頭腦，事實上我完全沒有。我不是居禮夫人，但也不是阿諾夫人；我對經營和資產、負債深惡痛絕，我算術的時候，還得扳扳手指才算得出來。

每當有人說我能成功是因為運氣好，我更是惱怒萬分。沒有人比我更努力工作，那些捏造傳奇的人一定都很懶，若非如此，他們一定會去看清事情的本質，而不是隨意捏造故事。有人以為不必工作，只需輕揮魔棒或是擦擦阿拉丁的神燈許個願就能創造出我所創造的一切，這種想法簡直過度天真。（或許，這根本不是天真。）然而，我在此所說的一切，也改變不了任何人對我的看法，什麼都改變不了。

4 Midas：希臘神話人物，以點石成金的能力著稱。

傳奇能存活得比它的主人翁更長久。現實是殘酷的，因此世人總喜歡給它披上「想像」這層美麗的外衣。既然我的傳奇早已不脛而走，那麼我希望它能夠幸福長久。有許多次我碰過有人對我談起他們熟知的某位「香奈兒小姐」，但他們卻不知道，此刻站在他們面前的正是香奈兒本人。

「我最溫柔的童年」——這幾個世人經常配在一起形容的詞語常讓我驚顫不已。沒有誰的童年會比我的童年更不溫柔。我在年紀很小的時候，早已明白生活是沉重的事實。我重病的母親帶著我們姊妹三人去拜訪一位老伯父（那時我五歲），我們稱這位老伯父為「伊索爾的伯父」。我和姊姊被關進一間貼滿紅色壁紙的房間，我們剛開始非常聽話，不過，在發現紅色壁紙浸濕之後會從牆上脫落，我們就撕下一小塊，這讓我們非常開心。再用力一些，一大片壁紙便撕落下來，真有趣！我們爬上椅子，毫不費力地撕下整面壁紙；我們疊起椅子，撕下壁紙的牆壁露出玫瑰色的石膏塗層，真神奇！我們又把椅子擺上桌面，這樣可以一直撕下天花板上的壁紙，這簡直快樂至極！最後母親走進房間，她停住腳步，看著眼前這場災難，一句話也沒說，眼淚卻在極度失望中大滴大滴地落下。任何指責都不曾像這樣讓我難過，我哀嚎地逃出房間，從此之後沒再見過伊索爾的伯父。

是的，生活是一件沉重的事，因為它會讓母親流淚。還有一次，我們姊妹被安置在一間無人居住的房間。房裡的天花板上懸掛著細繩，繩上繫滿了葡萄串。整個冬天，葡萄就這樣保存在懸掛的紙袋裡。我把枕頭往上丟，打下一串葡萄，另一串跟著掉了下來，而後又是一串，粒粒葡萄覆滿了地板。我又換了一個長枕頭亂打一氣，很快的，所有的收成都落到地板上。我因此第一次挨了鞭子，那種羞辱我永遠忘不了。

「那些人活得就像江湖騙子。」我的一個姨媽如是說。

「可可越來越不聽話了，」另一個回答道，「應該把她賣給波希米亞人……」

「蕁麻鞭子……」（體罰只會讓我更倔強、更難馴。）

當我看到童年的幸福會帶來多少羈絆時，我就不再為曾經經歷過的不幸而痛苦。為了抵抗正統教育，我必須成為真正傑出的人。無論如何，我都不想擁有另一種命運。

我那時很凶，容易生氣、脾氣暴躁而且虛偽，喜歡躲在門後偷聽別人談話。我只喜歡吃偷來的東西，我會趁姨媽不注意的時候，偷偷切下一大片麵包，廚娘對我說：「你會把自己切成兩半的」。我把麵包帶進廁所，在那個空間裡我覺得更自由。驕傲的人只知道一種至高的利益，那就是自由！

但是想要自由，你就得很有錢。我開始幻想能擁有一筆錢，一大筆能讓監獄之門為之大開的錢。我讀過的那些小說讓我開始做起瘋狂的揮霍之夢。我想像自己穿上一襲白禮服，渴望擁有一間白色的房間，配上白色的窗簾。姨媽把我關在黑色的房子裡，這種白和她們的房子是多麼強烈的對比啊！我父親在動身前往美國之前，帶了一件初領聖體時可以穿的衣服給我，白色的平紋細布洋裝配有一頂玫瑰花冠。姨媽為了懲罰我的驕傲，對我說：「你不能戴玫瑰花冠，只能戴軟帽。」這真是折磨！類似的例子還有很多，我必須向神父坦承偷吃了兩顆櫻桃！不許戴花冠！我，這麼高的個子，不能穿襯衫！

我撲過去摟住父親的脖子說：「帶我離開這裡！」「去吧，我可憐的小可可，一切都會好轉的，爸爸會回來接你，我們還會有一棟新房子……」，這是他最後留下的話，此後，我再也沒得到過父親的呵護，他沒再回來。他曾寫過信給我，好讓我相信他的事業經營得不錯，但之後音訊全無，我再也沒聽人提過他。

當時的我經常想尋死，我想製造一樁大醜聞，讓我的姨媽暴跳如雷，好讓她們洩露出隱藏在眼裡的惡意。這種想法讓我著迷不已，我想過要燒掉穀倉。姨媽不斷告訴我，若從我父親那邊的出身來看，我算是下等人家。「如果妳知道妳祖母是個放羊的，妳的頭就不會抬得那麼高，」她們這樣說。但有一點她們搞錯了，因為只要一想到能有個拄著木棍放牧牛羊的祖母，我就會很陶醉。（直到最近的德軍占領期間，我的姑姑、我祖父母的女兒雅德里安娜・德・內克松[5]，證明了自己直系親屬的身分。儘管我的祖母曾是牧羊女，我們卻發現這個不體面的事情卻成了有利因素。）

我在陌生人面前，總是彬彬有禮。當地人會說：「小可可很有教養。」我很有教養，就像一隻訓練有素的小狗。我的瘋狂暗暗地隱藏在內心深處，除了有一回我坐在樓梯扶手上往下滑，落在大廳裡來訪的客人間，卻得到了一個五法郎的銀幣；我馬上拿這銀幣為自己買了件禮物。「你死時肯定只有草蓆裹身，」姨媽又一次說道。

我的姑姑偶爾會來看我，她是我爸爸的妹妹，比我的姨媽年輕許多。姑姑總是一頭長髮，美得令人陶醉。

「我們要喝茶。」我說。

「喝茶？你在哪兒看見有人喝茶？」姨媽問我。

「在報紙上。在巴黎，大家都喝茶。不管您相不相信，事實就是這樣。大家會把茶壺放到『保溫罩』裡，對！『保溫罩』，就是這麼說。大家會邀請朋友，會在鋪著英國刺繡桌布

5　Adrienne de Nexon：香奈兒的姑姑。

的小桌子旁邊等著朋友來訪，就像儀式一樣。」

「可可，你瘋了！」

「我要喝茶。」

「沒有！」

「藥房裡有賣茶葉。」

我喝到茶的時候，雅德里安娜姑姑問我：

「你這樣模仿貴婦，是堅強還是懦弱？」

「我不喜歡你這樣問。」

「貴婦不會說『我不喜歡』。」

「你說的貴婦是什麼人？」

「她們是『貴族階級』。」

「誰能把我們帶進她們那邊呢？」喝完了茶，我壯起膽子問雅德里安娜姑姑。

「除了貴婦，還有誰會去茶館呢？」

「還有優雅的男人。他們不必工作，他們比整日勞動的人更英俊。」

「他們真的什麼也不做嗎？」

「未必如此，他們其實得做很多事情……」

「雅德里安娜，別管那孩子，妳會把她腦子弄混的。」

我的姨媽小有積蓄，她們擁有幾座牧場。短草牧場對飼養乳牛來說成效不佳，但馬卻非常喜歡這樣的草地。姨媽從事傳統的養殖業，讓動物在牧場上自由生長，她們把最好的產品賣給軍隊（當時的軍隊都是步兵）。那時的我常和農民的小孩一起在農場裡賽跑，就像匹小馬一樣難馴。我跨坐在馬上（十六歲時，我還不知道什麼是馬鞍），騎着它追上馬群中最精壯的馬，抓住牠的馬鬃或尾巴。我想把家裡所有的胡蘿蔔都拿來餵馬。每當英姿煥發的軍人到這裡尋訪，或是軍馬供給機構的軍官來參觀我們的牧場，我都會特別開心。他們或是俊朗的輕騎兵，或是穿著天藍色短上衣、戴著黑色肋型胸飾、肩上披著毛皮大衣的獵人，他們每年都會駕著四輪馬車奔馳而來。他們扳開馬嘴看看馬的年齡，撫摸馬的關節觀察是否有發炎症狀，而後又拍拍牠們的肋部。那是一個盛大的節日，但對我而言，這節日卻也夾雜著憂慮——他們是否會把我最喜歡的馬帶走？但他們沒有，那些馬一匹也沒少地都留在這裡。因為那些馬在牧場上被取下馬蹄鐵後，我偷偷騎著牠們到燧石地和硬土地上跑了一大段路，它們的馬蹄此刻正因此而痛苦不堪。我看到一位軍官來到我們這裡，檢查一番之後，又走進廚房在爐火旁取暖。「那些馬的蹄子簡直像是母牛的蹄子，蹄底磨壞了，蹄叉都爛了！」他這樣形容我們最好的馬。我不敢再看軍官的臉，不過他已經猜到是我搞的鬼了。姨媽轉身的時候，他悄悄對我說：「小傢伙！是不是有人在馬沒上蹄鐵的時候去騎馬了，嗯？」

這不是說我喜歡馬。我從來就不是愛馬如命的人，那些人會興高采烈地為馬洗刷梳毛；我也不像英國女人那樣，只要有時間就往馬廄裡跑。但有一點卻是千真萬確，馬決定了我的一生。故事是這樣的——

姨媽在某個夏天把我送回我祖父在維琪[6]的家裡。祖父是當地的神父，我很高興自己逃離了蒙多爾，逃離了那棟黑房子，逃離了針線活兒和我的嫁妝。我瘋狂地唾棄我的嫁妝，我再也不必在抹布上繡出未來丈夫的名字，再也不必為想像中新婚之夜會穿的睡衣繡上俄羅斯十字繡，這一切都讓我覺得噁心。當時我已經十六歲了，模樣變得很美，有一張掩映在濃密黑髮裡的巴掌小臉，我的髮絲長到幾乎快觸到地面。和蒙多爾相比，維琪是一個多麼美妙的地方啊！我再也不必看姨媽的臉色，我真喜歡這裡的主教政府！白天，我獨自到外面散步，我一直向前走，任由微風拂面。離開了姨媽的栗樹園，維琪簡直就是仙境。事實上，維琪是

6　Vichy：法國中南部城鎮，位在Allier省內。二戰期間為納粹德國培植的維琪政權首都所在地，亦以水療勝地著稱。

一個醜陋的仙境，但對一雙事事都感新鮮的眼睛而言，這裡仍然是神奇之地，我終於近距離地看到了賽璐珞材質的娃娃。在堤耶爾[7]，對那些穿著蘇格蘭呢的女士——那些所謂的「怪人們」，大家從不敢躲在緊閉的百葉窗後偷看，或是駐足圍觀欣賞；但在維琪，我可以大飽眼福，我覺得自己身處在滿是怪誕事物的城堡中。這是一座國際城市，站在原地不動，眼中所見的事物彷彿就能讓人經歷一趟旅程。維琪是我首度遠遊之地，這地方讓我學會如何生活。現在的女孩子什麼都懂，但當時，我們什麼都不懂，可是我不遺憾。

7　Thiers：法國中部小城，位於Puy-de-Dome省。

從貢比涅到波城

我看著在維琪城裡來來往往的女人，她們都是老太太，因為那裡只有老人。（一九一〇年代，年輕人不常喝酒，因此也不常見年輕人來此地保養肝部。）不過，我不失望。維琪的一切事物，甚至連喝礦泉水用的雕花玻璃杯都讓我興奮不已。這裡到處都有人談論「外國人」。外國話讓我著迷，它是通往神祕國度的鑰匙。

看著那些奇特的人絡繹不絕地經過，我告訴自己，「或許，我也應該成為大人物。」事實上，我很快就成為自己期望的那種人，比我想像的要早得多。在一間家人曾帶我去過的茶館裡，我認識了M. B.[1]，一個擁有賽馬隊的年輕人。

「您真幸運，居然有那麼多賽馬！」我天真、熱情地對他說。

「您想來參加練習嗎，小姐？」

「夢寐以求！」

我們相約隔天見面。越過阿利耶河（Allier），走過天橋，我來到草地上的柵欄前。在那裡河水翻騰的氣味，水壩裡狂吼的水聲都清晰可聞。剛畫好的賽馬練習跑道與河岸平行延伸，沙灘、白色柵欄，還有波旁內（Bourbonnais）的山峰，陽光映照在嘉拿（Ganat）的山坡上。

1　M.B.：Monsieur Balsan之縮寫。Étienne Balsan 曾是香奈兒的情人。

騎師和馬房僕役弓著身子，膝蓋頂著下巴，先後騎馬經過。

「這種生活真好！」我感嘆道。

M. B.說：「我住在貢比涅[2]，每天都過這樣的生活。何不讓您的生活也像我這樣呢？」

我答應了他的提議。我再也不必回到蒙多爾，不必再看到我的姨媽。

這就是我的童年，一個被收養的孤兒的童年。我沒有家，沒有愛，也沒有父母；我有個可怕的童年，但我不後悔。對凶惡的姨媽而言，我是個忘恩負義的人，我對她們有所虧欠。一個叛逆的小孩最終蛻變成堅強的人。（十一歲的時候，我比現在更具力量。）

親吻、撫摸、老師的教導和維他命會毀了孩子，讓孩子變得脆弱和不幸。但醜惡的姨媽卻會讓小孩變成征服者；但也正是因為她們，造就了孩子的自卑情結。但對我而言，一切恰好相反。人在惡意中會產生力量，在驕傲之下則會產生對成功的興趣和對偉大的渴望。有老師教導的孩子能學到知識，但我的知識全靠自學而來，我學得既龐雜又混亂。但是，當我和當代最優雅、最具才氣的人物，比如史特拉汶斯基、畢卡索等人接觸時，我不會自覺愚蠢或感到愧窘。為什麼？

因為，我靠自己領悟出書上學不到的知識，我在後面還會提到這一點。我想以一句格言

2 Compiègne：法國北部城市。

做為結尾——「成功的關鍵不會寫在書裡。」這是我成功的祕訣，或許也是文明在應對無情考驗時致勝的關鍵。

我逃家了。祖父以為我回姨媽家，姨媽卻以為我還留在祖父家。總有一天，他們會發現我既不在祖父這邊也不在姨媽那兒。

我跟着M.B.來到貢比涅，在那裡安頓下來。我非常累，不停地哭。我告訴他一個關於受難兒的故事。我哭了一整年，這一年裡我學會了騎馬，在森林裡騎馬的日子是我當時僅有的幸福時刻。先前我對騎術毫無概念，我從來就不精通騎術，而那時的我也稱不上是騎士。童話結束了，我不過是一個逃家的小孩，我不敢寫信給任何人。M.B.害怕警察會發現我，他的朋友對他說：「可可太小了，快送她回家吧。」M.B.如果看到我離開或許會很高興，但當時我已經無家可歸了。M.B.那時剛和美麗的名女人艾米莉安．阿朗松[3]分手，他的房裡滿是她的照片。我天真地對他說：「她真美！我可以認識她嗎？」他聳聳肩，告訴我絕對不可能。M.B.害怕警察，而我卻害怕僕人。我對M.B.撒謊，我隱瞞了自己的真實年齡，我告訴他我快二十歲了，事實上我只有十六歲。我出現在貢比涅的賽馬場上，戴著一頂非常深的窄邊草帽，穿著外省風格的女裝，用小型望遠鏡緊盯賽況。我想沒人會注意到我，認識外地女人

3 Émilienne d'Alençon：（1869-1946）舞者，高級情婦。出身低微，但最後晉身至上流社會。

可不是什麼好事。但事實上，我吸引了全場的目光。那天的我頭上梳着三個粗辮子，而且還別著髮飾，是個格格不入、衣衫破爛的野孩子。

M. B.帶我來到波城[4]。庇里牛斯山地區的冬季氣候溫和，山間滾滾激流奔向朗德盆地，草地四季常青。那裡還有賽馬用的淺草障礙斜坡、雨中的英國士兵，以及歐洲著名的獵狐路綫……

我遠遠望見有著六座塔樓的古堡，庇里牛斯山頭的白雪與湛藍天空相映成趣。出行用馬、獵馬、半純種馬、塔布馬一早開始便陸續經過皇宮前，到現在我似乎都還能聽見馬蹄踏在路面上的聲響。

某次在波城的出遊途中，我認識了一位英國人，當時我們都騎在馬上，先摔下馬的人要請其他人喝酒。他很年輕、迷人、英俊，曬黑的膚色充滿誘惑，卻不帶一絲凡俗之氣。不，他不止英俊，簡直是絕美。我喜歡他漫不經心的神情和他的綠眼睛，他很強壯，喜歡騎烈馬。我從沒愛過M. B.，但我愛上了這個英國人。我和他之間沒有任何言語交流，有一天我聽說他要離開波城了。

「您要離開了？」我問道。

4　Pau：法國西南部城市。

「很遺憾，是的。」他說。

「幾點鐘？」

隔天，我出現在車站，踏上了火車。

初抵巴黎

這個俊朗的英國人名叫鮑伊・卡柏[1]，他也不知道該拿我怎麼辦。他帶我來到巴黎，讓我住進旅館。年輕的M.B.失望至極，不久後就被他的父母送往阿根廷。

M.B.和卡柏都很同情我，他們覺得我就像隻被遺棄的小麻雀；不過，事實上，我是一隻猛獸。我漸漸懂得如何生活，我是指我開始能夠應對生活。那時的我遠比現在聰明，無論外表或內心，我都極為獨特。我喜歡孤獨、喜歡美、喜歡本能，討厭浮華，總是實話實說。若以我的年齡而言，我的判斷力過於精確，我能看穿真假、習慣，和劣質的事物。巴黎讓我極度恐懼，我對這世界一無所知，我不懂社交禮儀中的細微差異，也不知道各大家族之間的故事、醜聞或暗語。巴黎人所知的一切我一概不知，而我一無所知的事物在任何書上也找不到解答。驕傲的個性讓我不願發問，因此我一直處於無知狀態。

卡柏個性獨特，見多識廣，他一直是最了解我的人。

「她看起來很輕浮，但實際不然。」他這樣說。

他不希望我認識其他朋友。

「他們會傷害你。」他又說。

卡柏是我此生唯一愛過的人，他已經死了，但我從沒忘記他。我遇到一個沒帶壞我的男

1 Boy Capel：香奈兒此生摯愛，1919年死於車禍。

人，他是我生命中的奇蹟。卡柏非常堅強、個性獨特，生性熱情而且執著；他不斷訓練我，不在乎我的缺點，極力發掘我的獨特之處。許多人在三十歲的年紀正揮霍自己的財富，但卡柏卻已靠著運煤業打下經濟基礎，擁有馬球隊的他是倫敦最具才幹的人之一。對我而言，他是我的父親、我的兄長、我的家。戰爭開始之際，他贏得老克里蒙梭[2]的好感，最後老克里蒙梭只肯接受他的擔保。他優雅有禮，在上流社會成就輝煌，但他只喜歡我這個外省野孩子、這個追隨他而來的不聽話小女孩的陪伴。我們從不一起出門（巴黎在那時候還有許多不成文規定）。我們要把公開愛情的喜悅留到結婚時。但有一次，我非常任性地要求他取消在多維爾俱樂部舉行的一場晚宴，單獨和我到同個地方共進晚餐。我羞澀的入場、笨拙的腳步和一襲簡潔美妙的白禮服形成鮮明的對比，引起所有人的注目，我們成了眾人矚目的焦點。當時在場的美女全都心存憂慮，彷彿感受到一股不明的威脅襲來。她們忘了身旁的勳爵和大公，她們為卡柏留下的桌位仍舊空蕩蕩的。波莉娜．拉博德、瑪爾特．勒特里耶一直目不轉睛地看著我。多年後，某位優雅的名人向我提起這場我幾乎遺忘的晚宴：「當晚您讓我感受到此生最大的震撼。」晚宴上某個英國女人這麼說：「我很清楚鮑伊．卡柏是因為她而拋棄我們！」。她的客觀無疑是火上加油。

2　Georges Clemenceau：（1841-1929）法國政治家，曾於一次世界大戰時擔任法國總理，戰後代表法國簽訂《凡爾賽合約》。

我的成功就從當晚開始。這是一次「英國式」的成功，我在英國人身邊的時候總會成功，我自己也不明白箇中道理。英法兩國的關係曾經歷許多考驗，但我的英國朋友始終對我真誠以待。不久前，某位英國友人向我承認：「認識您之後，我又重新愛上了法國。」

卡柏那些美麗的女性朋友滿是妒意地要他「離開那個女人！」但我連一點妒意也沒有，我甚至把他往她們懷裡推。但她們什麼都不懂，依然重複地說著「離開那個女人！」他回答道，「不，與其如此，你們倒不如打斷我的腿吧！」在一個虛偽的年代裡，他獨特的性格震驚了所有的人。他離不開我。

M.B.從阿根廷回來了。他帶了檸檬給我，不過，檸檬卻在袋子裡爛掉了。

「你和你的英國人進展到了什麼地步？」

「我們……進展到了男人和女人的地步。」

「很好，請繼續。」

這段簡單的對話難以說明情況有多複雜。如今，一切事物都變得非常容易，速度主宰了人的感情，也主宰著其他的一切。但在明瞭情況之前，我們會有淚水，會有爭吵。卡柏是英國人，他不懂這些，我們之間的一切都變得混亂不已。他太講道義了，我讓他疏遠了朋友，他的朋友討厭我，他們和輕佻的女人一起生活。卡柏把我藏了起來，不讓我和他的朋友往來。我問他原因：

「她們那麼漂亮。」我說。

「是的，但是此外無他。」

「為什麼她們從不來我們家？」

「因為……你和她們不屬同類。你不像任何人。也因為，一旦我們結了婚……」

「但是我不漂亮……」

「雖然你不漂亮，但我沒見過有什麼比你更美的。」

我們的房間裡滿是鮮花，即使在這樣的奢華之下，他依舊保有英國人的道德特性。身為一個有教養的英國人，卡柏保持著他嚴厲、刻板的舉止。他在訓練我的時候，從不縱容，他會品評我的舉止：「你沒做好……你說謊……你錯了。」他有一種男性的溫柔權威，這種權威屬於那些了解女人又盲目愛著女人的男人。

有一天，我對卡柏說：

「我要工作，我想做帽子。」

「很好，你一定會成功。你可能會消耗很多資金，但沒關係，你需要有事可做，這是個很好的主意。最重要的是你要幸福。」

我在賽馬場上見到的那些女人，頭上都戴著像圓麵包一樣的帽子，這種「宏偉建築」是由羽毛、果實和頭飾構成的。讓我覺得最可怕的，是這帽子根本沒辦法把頭髮套進去（我的帽子總是深到可以蓋住耳朵。）

我在康朋街租下一間二樓的店面，在門上可以看到「香奈兒女帽」的招牌，現在這地方仍歸我所有。卡柏為我挑選了一位非常優秀的助手——奧貝爾（Aubert）夫人，她的本名叫做德・聖朋小姐。奧貝爾夫人會指導我，適時地提供建議。在賽馬看台上，大家開始議論我的驚人之處，談論我特別的帽子。我的帽子看起來那麼單薄、樸素，預示了當時依然毫無徵兆的新時代即將來臨。店裡的客人慢慢多了起來，她們都是受好奇心驅使而來。有一天，我接待某位顧客，她毫不隱瞞地告訴我：

「我來……是為了看妳。」

我是一個好奇的傻瓜，一個頭戴窄邊草帽的平凡小女人。

大家越想看我，我越羞於見人；過了這麼多年，我這個習慣一直沒變。我從不出席沙龍聚會，在這樣的場合我得和人交談，這會讓我驚恐萬分。我不懂銷售，而且從沒懂過。當客人執意要見我的時候，我會躲在壁櫥裡。

「妳快去啊，安潔列。」

「但是，她們想見的是您啊。」

我害羞得無地自處。我覺得所有人都聰明，只有我愚蠢。

「大家都在談論的那個小女人在那裡？」客人堅持地問著。

「出來吧，小姐！」安潔列懇求著。

「我不能出去。如果她們覺得帽子太貴了，我可以送給她們。」

我有一種預感：「見過的客人都會流失。」這樣的預感已經應驗了好幾次。如果我意外地在店裡遇見客人，我會不停地講話；因為羞怯之故，我得躲進不停的談話裡。有多少饒舌的人實際上是因為害怕沉默才饒舌？

我的確很幼稚，根本猜不出別人的興趣所在，我不曉得她們要看的其實是我，我認為自己只是一個外省的小女孩。我還記得小說裡女主角所穿的那種誇張的禮服，那些禮服曾讓我朝思暮想，但是那樣的時代早已過去；我甚至沒再看過那些配著短披肩和綴有聖靈、聖子圖案飾帶的教會學校制服，那些制服曾是我童年的驕傲。我不再夢想要把衣服裝上飾邊，我知道一切華美的東西都不適合我，我只喜歡穿我那件山羊皮大衣和舊衣服。

「既然你這麼堅持，那我就帶你去一個英國裁縫師那兒，訂做一件你可以常穿的優雅衣服。」卡柏對我說。

康朋街的一切正由此開始。

卡柏給了我所有能讓我開心的東西，我沉迷其中，卻忽略了愛情。事實上，他想把自己生活中所沒有的快樂全部留給我。

「告訴我你和誰共度良宵，我很感興趣。」我曾這樣問他。（我不記得當時我用了什麼字眼，但絕對不是「共度良宵」這樣的字句。一九一三年的時候，大家不會這樣說。）

他笑道：

「你覺得這樣問，會讓我的生活簡單一點嗎？你這樣會讓我的生活變得很複雜，你好像沒有覺察到這點。不過，你還是個女人。」

康朋街

小時候，姨媽不斷告訴我：「妳不可能變有錢……如果有個鄉下人想娶妳，妳就該高興了。」我在很小的時候就明白，如果沒有錢，你什麼也不是；有了錢，你就能隨心所欲。或者，你可以仰賴你的丈夫。沒有錢，我只能等人來娶我，如果你不喜歡他，那怎麼辦？別的女孩子會逆來順受，但我不會，我的驕傲個性會讓我痛苦不已，這樣子簡直跟身處地獄沒兩樣。我不斷告訴自己：「金錢萬能。」這種觀念本身再平凡不過，但對我來說，它的可貴之處在於，我在二十歲就發現了這個事實。

人一開始工作總會先想賺錢，之後又會受工作吸引；工作的吸引力遠大於金錢，金錢不過是經濟獨立的象徵。對我而言，金錢之所以吸引我，只因為它滿足了我的虛榮心。我不需要拿錢去買什麼，也從沒渴求過什麼——除了溫柔。我希望買的是「自由」，我會不計一切代價買下它。

剛在康朋街安頓下來時，我對經營生意毫無概念，我不知道什麼是銀行，什麼是支票。對生活的無知讓我羞愧不已，但是卡柏希望我保有他最初遇到我那時的原樣。「生意就是銀行」——這就是我得到的答案。卡柏把證券存進洛伊（Lloyd's）銀行，以做為我生意的擔保，他是那家銀行的股東之一，我的事業就這樣開始了。

某天晚上，他帶我去聖日爾曼區吃晚飯。

在路上我對他說：「我賺了很多錢。」語氣中帶著年輕人的虛榮，「生意進展非常順利，一切都很簡單，我只需要開張支票就可以。」

我對成本、帳目等等毫無概念，不久後，康朋街店內的營運便亂成一團。

我只關心帽子的樣式，幼稚地喜歡聽人稱呼我「小姐」。

「是的，這樣很好。不過你欠了銀行錢。」我的伴侶回答道。

「什麼？我欠了銀行錢？那是因為我賺了錢嗎？如果我沒有賺到錢，銀行是不會給我錢的。」

卡柏笑了起來，笑容裡甚至帶點嘲諷的味道。

「銀行給你錢，是因為我用證券做擔保。」

我的心開始跳得厲害。

「你是說，我揮霍的那些錢不是我賺的？那些錢是我的！」

「不，那是銀行的。」

我怒火中燒，失望透頂。到了聖日爾曼區之後，我逕自往前走，走到自己筋疲力盡。

「銀行昨天打過電話給我……他們說你提領太多錢了；但是，親愛的，這都無所謂……」

「銀行打給你？為什麼不打給我？這是說我在依賴你的意思？」

我心痛不已，晚飯更是難以下嚥。我要求回巴黎去，我們回到嘉布里耶街（avenue Gabriel）的公寓。我看著那些我買的漂亮東西，我以為那些錢是我賺得的利潤，原來一切都是他在支付！我竟然靠他養活！當晚雷雨交加，而我心頭更是一陣狂風暴雨。我開始怨恨眼前這個為我支付一切的有教養的男人。我把手提包朝他迎面扔去，轉身逃出門外。

「可可！你瘋了……」卡柏邊追著我邊喊道。

我不知方向地在雨中亂走。

「可可……理智一點！」

他從我身後跑來，在康朋街角追上我，我們身上都淌着雨水，我哭了起來。

卡柏帶我回到家時，雨已經停了。我驕傲的自尊所受的深深傷害反而讓我不再那麼痛苦。深夜時，我們一起出去吃點心，真是糟糕的一天！隔天我很早就進到康朋街的店裡。

「安潔列，」我對我的領班說，「我在這裡不是為了消磨時間，也不是為了胡亂揮霍。

從今開始，沒有我的允許，誰都不許為我作保，一毛錢都不行。」

「你太驕傲了，」卡柏對我說，「你會受苦的……」

一年後，卡柏已經能收回他的證券，不必再向銀行擔保，這時康朋街所賺得的利潤已足夠支付一切。驕傲是件好事，但從那天起，我無憂無慮的青春也徹底結束。

每段回憶都該有個饒富寓意的結論，這才是回憶存在的理由，否則回憶只是一段無稽之談。人只有透過工作才能功成名就，你得自食其力，天上是不會掉下禮物給你的。我的朋友說：「可可能將她碰到的一切都變成黃金。」但我成功的祕訣在於，我一直努力地工作。我工作了五十年，和所有人一樣努力，甚至比任何人都還努力。證券、膽量或機遇，不論是什麼都無法取代工作本身。

有一天，我又遇到了M. B.，他不無諷刺地對我說：

「你好像在工作？卡柏養不起你嗎？」

「我不虧欠任何人。」我可以這樣回答這些遊手好閒的年輕人，這些輕佻女人的供養者。我就是自己的主人，我完全靠我自己，這樣多瀟灑！卡柏清楚地發現他綁不住我了。

某天，他憂鬱地對我說：「我以為我給了你一件玩具，實際上卻給了你自由。」

一九一四年，戰爭爆發。卡柏強迫我撤退到多維爾，他在那裡為他豢養的賽馬租下一棟別墅。許多優雅的女人也到了多維爾避難，由於當地缺少裁縫，不久之後，我不僅為她們提供帽子，還得為她們備置衣服。我身邊只帶著製帽女工，所以我讓她們改作裁縫工作。戰時布料緊缺，我就依馬房僕役所穿的毛衫樣式為這些仕女縫製緊身毛衣，或是縫製像我自己穿的那種針織衫。戰爭的第一個夏季過去了，我賺進兩千金法郎。此時賽馬場也不再有最佳觀賽區了！

我對自己的新工作了解多少？一無所知。我不知道有「裁縫」這一說詞。我是否注意到自己已在服裝業掀起一場革命？完全沒有。舊世界已經結束，另一個新世界必將誕生。當機運來臨，我恰好身處其間，我緊緊握住這個機會。我和新的世紀同齡，因此這個世紀必將向我展示它在服裝方面的表現。我們所需要的，是簡單、舒適、整潔的風格。在不知不覺中，我已為這個新世紀提供了世人所需的一切。真正的成功是命中注定的。

一九四一年前的賽馬觀賽區啊！我從沒想過，在觀看賽馬的過程中，我見證了奢華的消逝，目睹了十九世紀的終結和一個時代的告別。華美的歐洲同時也是沒落的歐洲，巴洛克風格閃耀着餘暉，繁複的裝飾扼殺了線條之美，額外的負載壓抑了身體的結構，就像熱帶雨林的寄生蟲讓樹木幾近窒息。女人不過成了華麗、花邊、皮草和貴重布料的代名詞。複雜的裝飾、繁瑣的花邊、刺繡工藝、薄紗輕羅、繁複的色彩讓服裝成了一件不合時宜的華美藝術巨作。長長的裙襬拖掃著塵埃，調色板似的各樣色彩細微變化，把彩虹肢解成千萬種精美顏色，最終卻顯得枯燥乏味，空餘矯揉造作之感。當稀有成了普遍，華麗竟顯得一如貧窮般平凡。

我在童年時也曾像許多人一樣，深深為繁複之美所折服。在蒙多爾，十五歲的我能按照自己的喜好訂做禮服。我想像的禮服是淡紫色的，顏色就像勒梅爾（Lemerre）出版社的淡紫色小說封面一樣；裙子的後身束緊，彷彿身後跟著無數的侍女。兩旁綴有手工的帕馬（Parme）紫羅蘭花束，一如劇作家蘿斯坦（Rostand）所描述的那樣。裙子的兩側則由兩根鯨鬚支撐，這兩根鯨鬚直直伸往我脖子的部位。禮服的後襬拖著百褶襯裙，可以撥撩身後所有的心。

就像近郊那位拿著機械手的夫人一樣，我決意訂做一件像這樣的禮服。她很窮，話不多（在我的家鄉，大家話都不多）。出於一種壓抑的自戀心態，或是潛藏的包法利夫人性格，她總穿著極不尋常的衣服。她穿的緊身衣裙讓我羨慕不已，更讓我目瞪口呆的是，她有一隻機械手。那是一把手型的金屬鉗子，她用它來提起裙襬，就像繫窗簾用的束帶。她靦腆地說這樣是為了節省，但我卻在其中看到了極致的優雅。我從不敢向她借用那隻形似蘆筍的機械手，但是我暗自發誓也要有一件同樣的長裙。我訂作的衣服裙襬長到得將它挽在手臂上，我真優雅啊！我要穿這樣去望彌撒，我要去炫耀一番，我要讓所有人驚豔！於是我穿上這身衣服走下樓。結局恰如所料，我的姨媽說：「你現在就上樓去把衣服換掉，我們要去望彌撒。」多可怕的判決！望彌撒的時候，我哭了，但求上帝賜我一死。

初次嘗試盛裝打扮就如此挫敗，這正是外省簡樸風格給我的一記關於禮儀與品味的教訓。多年後，我才明白深色的莊嚴樸實之美，才懂得尊敬自然中的大地色彩。間接的說，日後風靡巴黎女人的風格正來自奧維涅姨媽謙遜簡樸的影響。我設計的毛料夏衣和毛呢冬裝，剪裁都酷似修道士的制服，這種優雅仕女所迷戀的清教徒風格，都源於蒙多爾。我之所以戴上一頂深深的帽子，是因為奧維涅的風會吹亂我的頭髮。我是征服巴黎的清教徒，正如五十年前來自日內瓦和美國的粗呢布征服了凡爾賽。

一九四一年的氛圍一如一九〇〇年。一九〇〇年是第二帝國時期，有著那時期千金易得的紙醉金迷，風靡的服裝風格也是變化快速；設計師極其浪漫地從不同國家、時代汲取靈感，卻沒能找到一種適當的表現手法，因為服裝的美感永遠都該是忠實的道德與真實情感的真切呈現。

這就是我何以成名，何以歷久不衰，為何我在一九一三年穿的小套裝到了一九四六年還是穿得出門的原因。因為新社會的狀況與我當年穿上這件衣服時的本質仍然相同。

這就是為什麼康朋街三十年來一直是時尚品味的中心，因為我發現了時尚的本質，而且按照自己的想法讓時尚變得誠實。

運動服在一九一四年時尚未出現，那時，觀看體育賽事的女人打扮得就像戴著圓錐女帽、觀看騎士比武的古代仕女。她們的腰帶束得太低，髖部、腿部處處都被束縛著；她們吃得多，於是就顯得壯，而正因為她們顯得壯，又不想被人看出來，便把自己緊緊地擠進衣服裡。緊身胸衣把脂肪擠往胸部，或藏到裙子底下。我發明了毛織緊身上衣，解放了女人的身體，我摒棄了腰身剪裁（直到一九三〇年，我才重新開始注意腰身的細節），塑造出全新的形象。為了搭上這樣的風格，而且在戰爭的作用下，我的顧客全都瘦了下來──「像可可一樣苗條。」她們對其他的裁縫說：「在可可那裡，我們覺得自己很年輕，你就像她那樣做吧。」於是在眾多服裝店主的怒罵聲中，我把裙子改短，毛織緊身上衣不再只作內衣之用，我讓它光榮地成為外衣。

一九一七年，我剪短了自己濃密的黑髮，我把頭髮越修越短，最後我梳起了短髮。

「您為何要把頭髮剪短？」

「因為長髮妨礙我工作。」

對女人來說，「像個小男孩、像個小牧童」這樣的話成了恭維，所有人都為此陶醉。

我決定用最廉價的毛皮代替昂貴華麗的皮草。我不再從南美洲訂購毛絲鼠皮，也不從俄國訂購紫貂皮草；我開始使用兔毛，這樣讓窮苦人和小商人發了財，但大皮草商卻因此無法諒解。

「香奈兒能成功是因為現在大型晚宴不再盛行了。」一九一四年以前，最著名的女裝經營者如是說。但是，一件晚禮服……

晚禮服有它容易製作的一面，但毛織緊身上衣完全是另一回事！我和呂庫爾格[1]一樣，都不贊成使用昂貴布料。一襲華貴的布料本身很美，但是一件衣服越是嬌貴將越顯貧乏。世人都把貧困與棄絕混為一談，你最好選擇是要被別人剝奪還是自己放棄。

一九二〇年後，大時裝店開始試著反擊。我記得那時我曾從演員化妝間的一角望向劇院

1　Lycurgue：古希臘政治人物，斯巴達王族。

大廳的觀眾，她們身上花俏的顏色讓我大吃一驚。那些紅色、綠色還有藍色，普瓦雷[2]把林姆斯基．高沙可夫[3]和古斯塔夫．莫羅[4]慣用的色彩風格全都引入時裝界，這讓我作嘔。俄國的芭蕾舞風格應該用在裝飾舞台，而不是點綴服裝！我清楚地記得當時我曾對身邊的友人說：

「這些顏色簡直讓人無法忍受！我會讓這些女人全穿上黑色。」

於是，我主張黑色，黑色流行至今，因為黑色能消融一切。我以前會容忍其他的顏色存在，但會把這些顏色處理成單色的主體。法國人沒有整體的概念，但在英式庭院裡，構成植栽之美的，正是整體因素。單看一株秋海棠，一朵雛菊，一隻雲雀，不會有任何特別之處，但如果花叢有二十尺深，那麼它將是一片極美的花海。

「這樣會剝奪女人擁有的特性！」

錯！女人唯有處於群體之中，才能保有她個人的獨特魅力。例如，在一群歌舞劇女演員中，把其中一人抽離出來，她會醜得跟厚底鞋沒兩樣。我們再把她放回原來的舞群中，她不僅會恢復所有的特質，而且與身旁的演員相比，她的特色也會凸顯出來。

我從蘇格蘭訂購了粗花呢布，用手紡呢取代了掐紗及平紋細布。我堅持減少毛料衣物的

2 Paul Poiret：（1879-1944）法國時裝設計師。

3 Rimsky-Korsakov：（1844-1908）俄國音樂家，影響史特拉汶斯基創作風格甚鉅。

4 Gustave Moreau：（1826-1898）法國象徵主義畫家，作品多以聖經、神話為題材。

清洗次數以保持衣物的柔軟度。我們法國人洗滌服飾的次數太多了。我向批發商購入自然色的顏料，我想讓女人順應自然，服從生物的擬態規則。穿上一件綠裙子坐在草地上是非常美的。我曾到羅迪耶[5]那兒，他驕傲地展示了二十五種深淺不一的灰色針織衣料。這麼多顏色顧客該如何選擇呢？女人只得仰賴丈夫提供意見，而丈夫又有其他的事情要忙，於是她會遲疑該不該下訂，而賣主只能空等。衣服裁製完成後，買主又會改變主意……我只需要一個簡單的色調，不必過多的顏色。

就說到此為止吧，我不能再為一些再明顯不過的道理繼續饒舌下去。我所說的一切都是人盡皆知的道理，而且早已過時。二十五年來，時裝雜誌已經寫盡了我工作的方法。當別人以繪圖、人偶或模型做設計時，我卻直接找真人當我的裁製模型。（我的剪刀不是普拉克西特列[6]的雕刻刀，但我同樣也是在「雕刻」我的模特兒，而不是在「設計」她們。）我長期和固定的模特兒合作，我對她們的軀體、容貌的熟悉度甚至比對我自己的更為熟悉。從簡單的套裝到盛裝禮服，我店裡所製成的作品彷若全出自一人之手。

如果要我寫一部關於裁製技法的書，我會這樣寫：「一件上好的禮服適合所有體型的人穿。」雖然我這樣假設，但每個女人的臀圍不盡相同，肩部也是寬窄各異。肩線是服裝好壞

5　Rodier：法國老牌針織廠，創立於1852年。

6　Praxitèle：西元前四世紀希臘雕刻家。

的關鍵所在，如果禮服的肩線不合身，那麼這件禮服永遠都不會合身。人體軀幹的正面是固定的，但背部則會彎曲。豐滿的女人背部總是很窄，而削瘦的女人卻往往有個寬背。背部在活動的時候，至少需要有十厘米的空間，必須能夠彎腰打高爾夫球或穿鞋子；此外，還需測量顧客雙臂交叉的狀態……

身體的所有關鍵都在背部，所有的動作都始於背部，因此衣服在背部需要盡可能多用一點布料，穿在身上應該能夠活動自如。衣服在穿著者靜止的時候應該剪裁合身，而在運動時又該有足夠的活動空間。別害怕皺褶，皺褶如果有用的話會顯得很美。不是所有的女人都能像維納斯，因此我們不需掩飾，我們想遮掩的一切都會欲蓋彌彰。我會在模特兒身上先用粗胚布試裁，真正的布料選擇應該放到後面。粗胚布若調整得宜，看起來會比任何衣料都漂亮……在衣服正面提高腰身會讓女人更顯高䠷，放低臀線則能掩飾臀部缺點（女人臀部形狀像是「一滴油」的狀況真是屢見不鮮！）。裙子後襬應該裁得更長些，因為穿的時候後襬總會上提。所有能讓脖子更顯修長的東西都會很美……

我可以這樣連續講上幾個小時，但很少有人對這些有興趣，所有專家都了解這些常識；《*Marie Claire*》這樣的雜誌，已經把這些知識傳誦到人盡皆知的地步了。至於美國，當我造訪這個國家時，我很訝異發現美國人知道我在哪一年開始設計長裙，哪一年又將長裙裁短。我不需解釋我的作品，這些作品似乎都在自我闡釋。

現在，我用兩句話來解釋為什麼我沒跟您提起如何裁製禮服。首先，因為我根本就不是裁縫，我很羨慕那些懂得縫紉技巧的人，但我從來沒有學會縫紉，我會刺到自己的手指；其次，現在所有的人都知道如何製作禮服。在學校荒廢學業的男人都知道怎麼做，連那些老到站不穩的老太太也曉得如何做出一件禮服。她們一生針線不離手，都是能讓人心情愉快的老太太。

而我恰好相反，我是個會讓人非常討厭的人，希望能有人理解這些由衷之言。

我和卡柏住在嘉布里耶街一棟迷人的公寓裡。當我第一次看到烏木屏風時，差點兒喊了出來：

「真漂亮！」

我從沒對任何東西有過這樣的評價。

「您真是太有藝術氣質了……」，有個陌生的老先生曾在某次晚宴中對我說。

「我沒有藝術細胞。」

他略帶緊張地斜眼看著我的文件夾，「那麼，您不是香奈兒小姐？」

為了避免麻煩，我簡單地回答道：「不，我不是。」

我有很多座烏木屏風。屏風跟中世紀時的壁毯功用相同，可以用來重構房間的格局。貝哈[7]對我說：

「您是個怪人。」

但是和我更為熟識的考克多卻說：

「我不敢告訴別人你怎麼過生活。大家絕對不會相信你早上七點起床，晚上九點入睡，而你卻什麼都不爭辯！」

我只喜歡在別人眼裡表現古怪。

我染出第一批米色地毯，這種顏色讓我想起踏實的土地，所有的室內家具也是同一顏色。直到有一天，家具設計師向我求饒。

「試試白緞色，」我對他們說。

「真是個好主意！」

而後，成套家具淹沒在一片雪白中，就像毛姆夫人在倫敦的時裝店裡曾用天真的白緞色

7 Christian Bérard：（1902-1949）法國藝術家、插畫家、亦從事劇場布景與戲服設計。

來裝飾店面。天然漆、中國瓷器的藍與白、帶有大幅圖案的米製紙、英國的銀器、花瓶裡的白色花朵。

我同樣記得亨利．伯恩斯坦[8]第一次來到我在嘉布里耶住所時的驚嘆：

「這裡真是太美了！」

（從此之後，安東妮．伯恩斯坦的巧手便將這種新式裝飾藝術發展起來。）

誇飾風格已到垂死關頭，真希望我曾推動它的消亡。普瓦雷是一位頗富創意的女裝設計師，他所設計的服裝會讓最私人的午餐也變成沙布里昂城（Chabrillan）的舞會，連最簡單的茶會也變得像阿拉伯君王在巴格達所觀賞的表演。最後的朝臣、令人欣賞的創造物以及那些為我們的藝術繁榮做出卓越貢獻的人啊！在加拿大，在弗爾薩納（Forsane），瑪麗．路易絲．艾羅和伊里布夫人穿著蓬裙伴著探戈舞曲搖曳生姿，獵兔犬和獵豹陪伴在她們的身旁；這景象確實讓人陶醉，但是這很容易辦到。要為《天方夜譚》芭蕾舞劇設計服裝非常容易，但做出一件黑色小禮服卻難如登天。我們必須對所謂的「獨特性」抱持懷疑態度，服裝業早就陷入掩飾和裝飾之中。某位公主曾為她那印有黃道十二宮的綠色披肩驕傲不已，但只有無知的人才會對此驚豔。和表象所呈現的效果相反，我們應該直言正是誇張毀滅了個性，所有

8 Henri Bernstein：（1876-1953）法國劇作家。

極端之物最終都將被貶抑。某個美國人的讚美之詞讓我非常開心：

「花了那麼多錢卻不落痕跡！」

我買得最多的東西是書，買來讀的書。書是我最好的朋友，收音機是個盛滿謊言的盒子，而書本卻是件件珍寶。即使最糟糕的書也會告訴你一些道理，以及真實的人生，最拙劣的小說同樣也是人類經驗的紀念碑。我見過許多睿智博學之士，他們訝異我所知的一切，如果我說我靠著讀小說懂得了人生，那他們肯定會驚訝萬分。如果我有女兒，我一定會用小說來教育她們。小說內記載著別處沒有的重要定律，這些定律往往能主宰人類。外省人不多話，他們不用口頭說教來教育小孩。我曾經在姨媽家從僕人那兒偷來蠟燭，在閣樓藉著微微燭光讀著連載小說。不論是這些連載小說或最經典的名著，所有的小說都是披著夢想外衣的真實故事。很小的時候，我本能地把人名錄當成小說來讀，而小說不外就是更龐大的人名錄。

「我從沒送過禮物給你。」卡柏說。

「的確。」

隔天，我打開他送給我的首飾盒，盒裡裝著一枚髮冠。我從來沒有見過頭飾，不知道該戴在那裡。我要把它戴在脖子上嗎？安潔列對我說：「這是戴在頭上的，看歌劇的時候可以戴。」

我想去沙特萊（Châtelet）看歌劇，就像一個孩子想去玩。我還知道男人會送花給女人。「你可以送花給我。」我對卡柏說。

半小時後，我收到一束花，我欣喜若狂。又過半個小時，第二束，我心滿意足。再過半個小時，又是一束，這樣就變得有些單調了。整整兩天，每半小時就有一束花送來。卡柏想對我說什麼？我懂得了這一課，他在告訴我何謂幸福。

我們在嘉布里耶街的幸福日子就這樣一天天過去。我很少出門，晚上，為了讓卡柏開心，我會梳洗打扮。我知道他很快就會說：「為什麼一定要出門呢？我們待在家就很好。」他喜歡我待在自己的空間裡，而我也有一種後宮女人的個性，頗能適應這樣的遁世生活。

在我眼中，我和卡柏之外的世界是那麼地虛幻，我不習慣身處其中。我像小孩子一樣，對社會一點概念也沒有，我心中的巴黎畫面帶著幾分拙稚，就像十五世紀的油畫。例如，有一回我到了議院，坐在為英國使館預留的外交專席。當時，一位年輕演說者以銳利、尖刻、十分無禮的聲調斥責克里蒙梭。而我的反應就像是劇院頂層樓座的常客聽見了劇裡叛徒角色所說的大段台詞，大聲喊道：「你這樣羞辱這位拯救國家的人，真可恥！」所有的人紛紛轉頭看我，議會廳內一片嘈雜，警務人員應聲而入……

卡柏可以自由進出克里蒙梭府邸。他為克里蒙梭帶來商人的氣質與才智，他們之間沒有等級也沒有輩分之別。卡柏會對克里蒙梭面臨的一些狀況提供簡單實用的解決方法和建議，但克里蒙梭不會全然採納。他對卡柏有一種老人獨有的執迷，彷彿已經沒有時間可以繼續等下去了。他離不開卡柏，他請卡柏接受巴黎軍事專員之職，而卡柏也能在英國政府毫不費力地得到這等職位。卡柏不願為此和斯皮爾斯[9]失和，因此拒絕了克里蒙梭。

在那個時期，戰爭與和平總是交替出現。卡柏在國家戰火稍歇之際因車禍喪生；我不願把這段回憶描繪成小說般的情節，他的死對我而言是個難以承受的打擊；失去卡柏，我等於失去一切。「如果他還與我們同在該多好。」克里蒙梭如是寫道。卡柏才智過人，性格獨特，他雖然年輕，卻彷彿已有中年男子的人生歷練；他是一位溫柔、愛享樂的權威人士，他那帶有嘲諷味道的嚴肅感讓人喜愛卻也令人屈服。儘管穿著時尚，他的性格卻極其嚴肅。他比馬球運動員或公職人員都更有教養；他的思想非常深沉，能發展到眾多不可思議、甚至是神學的層面。卡柏寫過不少作品，卻從沒出版過。他的作品通常具有預言性，他曾預言一九

9 Sir Edward Louis Spears：（1886-1974）英國軍官，於兩次世界大戰期間擔任聯繫英法兩國關係的重要角色。

一四年的戰爭不過是序曲，之後必將發生一場更嚴重、更殘酷的衝突。他留給我一段歲月也無法彌補的空虛。我知道他在另一個世界裡仍守護著我。有一天，在巴黎，我接待了一個陌生的印度人。

「小姐，我有個消息要告訴您，是某個您認識的人要傳給你的訊息。那個人在任何人都到不了的世界過得很好。請您接受我帶來的訊息，您一定明白箇中含意。」

這個印度人將這神祕的信息傳述給我，除了卡柏和我，沒有人會明白其中的含意。

我得說，我之後過的生活並不是一段幸福的日子，雖然那段時間裡我震撼了全世界。當時的我是什麼樣的人？在康朋街工作了一整天之後，我就像許多忙碌的巴黎人，忙到晚上不想出門，只想回家休息。（很多法國人並不常在街上或咖啡館裡走動，他們更喜歡待在家中，這點讓外地人、外國人——特別是美國人分外驚訝。）

雖然我能為身邊的人帶來幸福，但是我對自己的幸福卻毫無概念。醜聞會妨礙我，我有各種各樣故作鎮靜的辦法。我不喜歡離開家裡，也不喜歡別人打斷我的喃喃自語，不喜歡脫離自己的思想。秩序是一種主觀的現象，我不喜歡別人把我無序的生活或思想變得有條不紊。我同樣不喜歡聽建議，不是因為我固執，而是因為我太容易受到別人的影響。而且，別人會給你的，往往只是玩具、藥物或是只適合他們自己的建議。我也不喜歡依賴別人過活，因為我一旦依附了別人，我會變得軟弱（那是我表現殷勤的一種方式），而我不喜歡軟弱。正如柯蕾特非常深刻地借茜朵（Sido）之口所說：「愛情並不是一種體面的感情。」我酷愛批判，如果有一天我不再批判，那就是我生命結束之時。

每個人都曾年輕過，但我的青春只是一場夢；或者，這場夢比現實更美好？但是孤獨讓我成功。在賭場裡，當一位先生走來在我耳畔說了句話之後，我就沒再贏過了。他說：

「我能不能在您的賭注裡跟上一千法郎？」

在這情況下，我預感到自己的失敗。

我不喜歡別人像耍弄小貓那樣支配我。我在自己闖出的道路上獨行，雖然這條路也曾讓我厭煩。我是這條路的奴隸，因為這是我自己的選擇。我有著如鋼鐵般的韌性，從沒曠過工，也沒生過病。我總是刻意避開那些名醫，他們會告訴我我有種種疾病，若不及時治療將有性命之憂。十三歲之後，我沒再有過自殺的念頭。

我以裁縫為生只是偶然，原本我也能從事其他工作。我喜歡的不是縫製衣物，而是工作。工作耗盡了我的生活，我為工作犧牲了一切，甚至我的愛情。

漸漸地，比起身邊一群朋友時時為伴，我更習慣一群老主顧圍繞。對她們，我可以隨意地說：「請您走開。」

我的時間全用在工作上。有一天，M.A.懊惱地對我說：

「您討厭我。」

我回答道：

「您覺得我哪來的時間討厭您呢？」

大家對我幻想出各式各樣的假設，只有一種沒想過，就是——因為我在工作，所以我忽視了他們。

義大利之旅

卡柏過世不久之後，我認識了賽爾特[1]夫婦。賽爾特夫人名叫米希雅，原姓歌德布斯基，是個波蘭人；賽爾特的全名則是荷西．瑪利亞．賽爾特，西班牙加泰隆尼亞人。我們是彼此的新朋友，賽爾特夫婦因為看到我這個年輕女人流盡了所有的淚水而感動不已。當時他們人在義大利，原本打算回威尼斯，但因為我不想去那兒，他們因此為我改變行程，放棄原來的計畫，改開車帶我出遊。

我和他們的親密友誼也就這樣開始了，這段友誼一直持續到賽爾特逝世。我們彼此之間的性格差異也在往來期間引起不少波折。我試著循著記憶的線索，把這段友誼形容成一段蜿蜒的曲線，更確切地說，是曲折的線，因為其中的確有許多尖銳的直角。

有一天，我去祈求聖人安東．德帕杜（Antoine de Padoue）讓我別再哭泣。我站在教堂的聖像前，身邊是眾多海軍元帥的石棺。在我眼前是一個男人的塑像，他的前額倚著石板，似乎想要休息，那是極為憂傷而美麗的形象，無比堅毅中又泛著些許溫柔。他的前額低垂無力地觸到地面，看起來那麼疲憊。奇蹟在我身上發生了，我對自己說：「懦弱的人！可恥！你的人生都還沒開始，怎麼能把一個失落的孩子的憂傷與這種悲慟相提並論？」

彷彿有一股新的力量灌注全身，我決定鼓起勇氣，好好活下去。

1 José Maria Sert：（1874-1925）西班牙畫家，以大型壁畫見長。巴黎市政廳、紐約洛克斐勒中心、華爾道夫飯店都可見他所創作的壁畫作品。

賽爾特先生的脾氣和個性比他的畫作還「偉大」。他就像是文藝復興時期的人物，奢華而且無視道德。他愛錢，而且十分慷慨。「你不得不承認，只要賽爾特一出現，其他東西都會相形失色。」米希雅這麼說。確實如此。他是一個情緒高亢的理想旅伴，也是一個妙不可言、怪異而且博學的導遊。他的知識之淵博，讓人訝異的程度不下於他的幻想畫作。這個毛茸茸的胖猴子鬍鬚染過色，有點駝背，還戴著大得像車輪的玳瑁眼鏡——他喜歡所有巨大的東西。他習慣穿黑色睡衣睡覺，從不洗澡；他的體毛實在濃密得有點兒異常。除了頭頂以外，他渾身上下都長著汗毛；當他一絲不掛的時候，看起來也像是披著毛皮。這樣的他帶著我走進一間間博物館時，就像是一位人身羊足的牧神領著我參觀他所熟悉的森林。在我無知的專注之中，他為我解答一切，而且似乎很樂於教我。他覺得我有一種天生的品味，這種品味比他的學識更讓他開心。我們曾經繞了一百公里的路程去找某間家庭餐館，好在那兒嚐嚐葡萄葉雞肉卷；那時我們就像是落單的鳥兒。塞爾特曾經步行、騎驢，用各種方法走遍全義大利，他信誓旦旦地說自己清楚記得餐館的位置。他將地圖翻來覆去，最後還是沒找到餐館。

「托切（米希雅這麼叫他），我們走錯了，應該向右轉，回去吧！」

我們又迷路了。最後我們買了一隻豬，用車載到路邊烤。

他卻因找不到餐館的失誤而高興了起來，意外之事總會讓他陶醉其中。賽爾特在飲食上很有節制，身邊兩個女人吃得又少，但出於天生的奢華性格，他還是點了名貴的酒，擺在桌上的各種菜單讓桌面看起來就像是維諾納（Verona）或帕馬城的畫卷。賽爾特從他的衣服內裡掏出一張皺巴巴的千元紙幣。他靠什麼賺錢呢？對我來說這一直是個謎，我從沒見過他賺錢。我完全沒辦法付帳：

「這頓飯我請客，少姐！」他鬍子底下傳出的西班牙腔法語模糊得難以理解。

「您別再點了，我不能再吃了。」

「您可以不吡，但我要再點三份酸櫻桃酒配義式蕢醬，少姐！不管您是不是要吡！」

賽爾特通曉萬事萬物，波塔費歐[2]畫作名錄、梅西納[3]的路線、聖徒行傳、杜勒[4]在十四歲時的雕刻作品，那些用中國宣紙包裹的弗羅林金幣在希伯特的收藏品中賣到了什麼價格，他還知道什麼是貼畫和裱畫，知道卡拉齊[5]用的是哪一種清漆，他可以花上幾個小時的時間論述丁托列托[6]茜紅清漆的用法。

所有他迷戀的東西他都會預先付錢，就怕我搶先買去。他的車裡裝滿了手提箱、畫布、陶器、柳橙、十八世紀義大利插圖畫作，還有微型的馬槽模型。

2 Giovanni Antonio Boltraffio：（1467-1516）義大利文藝復興時期畫家。

3 Antonello da Messine：（1430-1479）義大利文藝復興時期畫家。

4 Albrecht Dürer：（1471-1528）德國畫家、版畫家、藝術理論家。

5 Annibale Carracci：（1560-1609）義大利巴洛克時期畫家。

6 Tintoretto：（1518-1594）義大利文藝復興時期畫家。

我曾經和塞爾特以及他前後兩任夫人一起旅行（先是米希雅，他們離婚之後，接著是米迪瓦妮），兩位夫人個性截然不同，但是喬喬或是麥迪（第二位夫人給他的猴子般的暱稱）一直都是無與倫比的伙伴。賽爾特不是一個小鼻子小眼睛的男人，他對流言蜚語毫無興趣。他活著只是為了展現連他畫筆下那巨大、壯觀、粗獷的洛可可風格創作也無法完全表達的性格。他對龐然大物情有獨鍾，幾公里的巨幅畫作、用一支巧妙的畫筆便能入侵的廣闊宮殿；他非常渴望有人向他訂購畫作，也擅長贏得顧客歡心；他會不厭其煩地修改作品，就像在維克（Vich），有幅他老是不滿意的教堂壁畫，讓他足足重畫了三次之多。他用饕餮的風格投入生活，但其中又不乏文雅的表現。

我們抵達羅馬時已經累壞了，而且還得在月光下參觀這座城市，直到我們筋疲力盡為止。在羅馬競技場，他想起有關德．昆西[7]的記憶。他講了許多關於建築的精彩話題，甚至還說我們可以在這廢墟上辦場晚宴。

「我看見一種用金色氣球的裝飾，少姐，那是某種在空中的輕盈東西，與建築的精確嚴謹恰好形成反差。建築是城市的骨架，少姐，骨架就是一切；一張沒有骨架的臉是無法存在的；那樣的話，少姐，您會死得很美……」

7　Thomas de Quincey：（1785-1859）英國作家，著名作品為半自傳《鴉片吸食者懺悔錄》。

賽爾特是一個巨大的矮人，他的駝背就像是一只神奇的背簍，同時裝滿了金子和垃圾；他還是一個品味極差，卻具有出色判斷力的人；他很特別，卻也乏味；他既是鑽石也是糞土，既有善意又滿心邪惡（考克多曾信誓旦旦地說他切斷過鸛鳥的長喙）；他的態度往往既是贊成又是反對，他的優缺點簡直多不勝數。我還記得曾經和塞爾特玩過「如果中了樂透你會買什麼？」的問答遊戲，他對「不可能」有著無限鍾愛，他說：「我會為賽爾特訂購一件……小模型。」

你也不可能和賽爾特談論他的畫作。那些繪圖用的巨大的鷹架、工人艱苦的工作、無盡的黃金白銀也無法掩飾的貧乏本質、多得像瀑布的黑醋栗果醬、虛胖的肌肉、工作人員的荒唐和裝腔作勢、混亂的模型，這一切都讓我驚訝得把已到嘴邊的讚揚硬生生又吞了回去。

米希雅對我說：「我覺得你討厭這些，希望他沒有覺察到。」

「少妲，畢卡索才不懂繪畫呢！你別喝奧維多（Orvieto），那酒只值三鎊，把它擱一邊去，來嚐嚐一八九三年份的伊千（Yquem）莊園好酒。嚐嚐這蝦子！伊千的領主們，蒙田是他們的祖先，一七八五年把葡萄園賣給了呂爾．薩呂斯，他們的祖先是溫柔的格蕾西莉迪斯的丈夫，魔鬼還曾引誘過這個女人。說到魔鬼，我給您看看皮斯托亞[8]的撒旦，這撒旦是個

8　Leonardo da Pistoia：（1502-1548）義大利文藝復興時期畫家。

女的，少姐，亞里安諾的主教卡拉法讓這位藝術家按照他情婦的模樣來畫撒旦……」

他的博學就這樣引出了無窮無盡的話題。

無論是誰當政，加泰隆尼亞與馬德里政府總是關係緊張，但賽爾特這個加泰隆尼亞人卻正好相反。無論何時，他都能和政府當局相處融洽。他開著跑車，停在他的房子旁邊，他的房子時而藍白相間，時而紅、白、藍三色，時而又是嫩黃搭配金色。他懂得如何調和對比，調和昆諾斯與萊克里卡的風格。他曾為維克斯公司做過裝飾，也曾裝飾埃森管理議會的大廳，羅斯切爾德家族資助過他，德國人為他的工作室供暖。教皇派失勢了，擁皇派倒臺了，唯有藝術還存在。賽爾特還鍾愛大房子……所有意義上的「大」——塞松家族、里本夫人、諾柏勒家族、戰勝國組織、馬尼昂家族的建築、紐波特別墅、棕櫚灘的宮殿……這些都沒能為他的創作天分提供足夠的空間。真是奢華的極致。

米希雅

「別再看什麼波提切利，什麼達文西了，這些畫真討厭，簡直是垃圾！」米希雅[1]對我說。「我們去買珊瑚來做盆栽裝飾……」

談到塞爾特的人總會提起米希雅。

我只有她這樣一個女性朋友（我對她的感情遠甚於友誼）。因此我必須說明我對她的看法，以及對我而言她意味著什麼、又代表什麼。我在最傷心的時候認識了她，別人的憂傷總會吸引她，就像花蜜吸引蜜蜂一樣。

我們只會因為別人的缺點而去喜歡這個人，米希雅有無數的理由讓我喜歡她。她只在乎她不懂的東西，但她幾乎什麼都懂。對她而言，我一直都是個謎，因此她對我始終忠誠，但她卻又老是做出背叛我的事。不過，每次偏離常軌之後，她又會很快恆定如初。她是一個罕見的人物，只知道如何取悅女人和藝術家。米希雅在巴黎，就像印度神廟中的女神迦梨，既是破壞女神，也是創造女神。她會在不知不覺之中摧毀嫩芽。薩堤稱她「毀滅之母」，考克多則叫她「替人墮胎的女人[2]」。這些評語都不公平，當然米希雅從沒創造過什麼，但是她在無形中卻也善意而成功地替代了那些燐光閃閃的鬼魂。

不可否認，她的破壞天分並不明顯。但是你可以在這個波蘭女人身上，清楚看見，她那

1　Misia Sert：（1872-1950）出身自波蘭的鋼琴家，香奈兒的摯友。在巴黎曾激發了許多當代藝術家的創作靈感，如雷諾瓦、羅特列克等人都曾為米希雅繪製肖像。

2　la faiseuse d'anges

種對毀滅的興趣以及在災難之後還能在廢墟堆裡安心入睡的本領。

米希雅對尺寸毫無概念。對草原上的遊牧民族而言，所謂的「法蘭西理性」和「遠山的青綠線條」一樣，都是毫無意義的。

她強烈渴望成功，對失敗也同具深刻、近乎褻瀆的激情。對於她所憎惡的自己，對於她為之服務的那些男人來說，她的戰略技巧和公關手腕總是表露得讓人一覽無遺。

米希雅喜歡我。里法對我說：「你想想，她為任何人都不肯做的事情，卻會為你動手。」確實如此，她強烈地渴望得到我的友誼。我對她的情誼儘管源自寬容的心靈深處，卻也同時參雜著邪惡的快樂，因為我會詆毀她所做的一切。不細心的人會說「她很聰明」，但是如果她真的聰明，我不會喜歡她。對聰明的女人而言，我不夠聰明。米希雅曾對我說，「我們享有『聰明』的虛名。」

從十五歲起，在她燙起捲髮、換上華服之後，米希雅便在瓦爾文街為羅特列克、雷諾瓦、維亞爾[3]和波納爾[4]，甚至是畢卡索、史特拉汶斯基[5]和狄雅吉列夫[6]安排妓女消遣。從那時起，她和最傑出的藝術家共同生活了近半世紀，但她還是一點文化素養也沒有，她從來不讀書。

3 Edouard Vuillard：（1868-1940）法國印象派畫家。
4 Pierre Bonnard：（1867-1947）法國印象派畫家。
5 Igor Stravinsky：詳見後篇「史特拉汶斯基」。
6 Sergei Diaghilev：詳見後篇「狄雅吉列夫」。

「讀讀這本書吧，米希雅。」

「為什麼呢？我一直不懂你怎麼找得到時間來讀書。」

她甚至連給自己的信也不讀。那個時代所有傑出的藝術家都曾被她感動，但是她最後還是失去了這些朋友。因為這些藝術家是創造者，她卻剝奪了他們的氧氣（她再去探訪他們，目的只是為了防止我去）。她希望他們沒有靈魂，沒有才華，只為她一人而活，就像她那些沒有葉子的假盆栽。

某天米希雅在拜魯特觀賞華格納的歌劇《帕西法爾》時抱怨道：「啊！怎麼會這麼長！」她鄰座的德國人惱怒地轉頭說：

「夫人，您確信不是因為您自己太短了嗎？」

米希雅是一個心理上殘廢的人。她在友誼方面患了斜視，在愛情方面則一直跛行，但因為她還夠聰明，可以忍受這些，這些缺陷反而讓她變得可愛。她渴望偉大，她喜歡與它接觸，接近它，征服它，而後將偉大變得微小。藝術中的崇高以及伴隨而至的靈魂深處的平和為她帶來榮耀。米希雅本身就是興趣，如果說她還有什麼興趣，那就是說「不」。

這個永恒的「不」，是一種不可思議的怒火產生的自然結果。它讓米希雅的身邊滿是毫無價值的東西、醜陋的小擺飾和一些充滿疑慮的人物，這些人物甚至在性向方面也不甚明確。米希雅只喜歡珠灰色，或許這是出於她對泥沙的懷念。她的奢華恰好是奢華的反面，米希雅就像是一座跳蚤市場。

那麼她對我的興趣又如何呢？我一直說她對我有興趣，是因為她總是毀不了我，也就是她總是無法向我證明她的愛。塞爾特說：「她喜歡您，小姐，因為她無法隨時在您身邊。」她從來沒發現我一直存在的弱點。半個世紀以來，這隻小蟲一直在水果上徘徊，卻從來沒鑽進果肉裡邊。波蘭荒原終究沒能戰勝法國的外省。希特勒曾對賴伐爾（Laval）說：「總統先生，波蘭缺的，正是一個中央高原。」

米希雅深信她是愛我的，那是一種愛的怨恨。她見到我會變得不幸，但若不見我則會死去。我的友誼讓她瘋狂，這種荒唐的錯亂為她的生命增添了一種無可替代的滋味。她挑撥我和畢卡索失和的時候，曾說：「我把你從他手中拯救出來了。」

維亞爾曾愛過她，之後卻對她非常厭惡。他想為我畫幅肖像，米希雅為了打消他這個念頭便和他合好。她就像隻救難犬，會把你拉到岸邊，卻任你的頭沉進水裡。米希雅心裡有許多鬼主意——這個字眼包含了貶意和中性兩層含意。

她會想盡一切去算計別人，不過，她雖然懂得減法和除法，卻不會加法。

她會花上幾個月、幾年的時間去設計陷阱，卻總在最後一刻決定它意料之外的性質。

她厚顏無恥，不知誠實為何物，但卻展現出一種超乎在尋常女人身上所能見到的偉大與純潔。（但願此時你別嘲笑我的冷酷無情，我正是因為這一切，才喜歡她。）我害怕蠢話，但米希雅卻喜歡蠢話，她把蠢話當作一種糟糕的調味料。對她而言，維亞爾和塞爾特在感情方面就像蠢話在社會領域所扮演的角色，是一種有意識的蠢話，事先考慮過、仔細品味過的蠢話。這樣的興奮劑對米希雅這種缺乏個性的女人而言是必要的。真正的猶太人總是懂得保持猶太人的靈魂。

我們能從女人身上看到一切，而在米希雅身上，我們可以看到所有的女人。她沒有自我，仰賴別人而活。她是心靈的寄生蟲。她的溫柔像顆原子彈，是情感原子分裂的結果。如果我在什麼地方覺得煩惱或開心，米希雅便會對我說：

「我受不了！來我家吧，我們一起消遣消遣。」

一進了車裡，她又說：

「幸虧我們出門了，否則我就快爆炸了！」

她是一流的騙子，因此她很快就讓我忘記我們剛剛離開的地方。這時她又活躍起來，變得極為耀眼，彷彿身上所有的優點都正熠熠生輝。

米希雅所有特質中最重要的一點，就是她從不會讓人煩惱，雖然她自己常常煩惱。我的一切所做所為都會引起她的注意，為了消遣她，也為了激起她的好奇心，我捏造了不少虛構的愛情故事和幻想的激情，她老是信以為真。

在特列斯特（Trieste）錨地一艘小艇上，我們正在談心。

「親愛的米希雅，我想回威尼斯，因為我正受痛苦折磨。我瘋狂迷戀上一個恨我的男人了。」

「痛苦」這個字眼讓米希雅異常興奮。

「我一直以為你沒被痛苦折磨過！你怎麼不早點告訴我？」

當我跟她攤牌、喊出「愚人節快樂」、當我說「親愛的，妳真傻，這是我編的故事」的時候，米希雅總是萬分失望。

幾天後，我險些因傷寒而命喪威尼斯，盛怒中的米希雅根本不想來探病。

還有一次：

「米希雅，如果你發誓不告訴別人，我就跟你說個祕密。」

「快說呀！快說！」

「我……我要嫁給威爾斯王子了！但是妳不能洩密！」

「我……我得跟妳待在一起，要是我離開你的視線，我一定會全盤托出！」

米希雅既不善良也不邪惡，這是人性的一大弱點，但也是一種自然的力量。只要有她在場，就會讓所有人也開始想詆毀他人。朋友離開她家時，都會為自己方才說過的話而後悔或憂心。她也很慷慨，前提是你正在受苦，她會非常樂意付出一切好讓你更加痛苦。

米希雅只要一說別人的壞話或是做了什麼對不起人的事，就會膽顫心驚。她會提前到受害者的家裡，慷慨、溫柔地跟對方解釋她先前的所作所為可都是為了他好。如果我發現她一大早就到了我這裡，我會這樣迎接她：

「你昨天又說了我什麼壞話？」

也許我有時會咬傷我的朋友，但米希雅卻會一口吞掉他們！

米希雅即便在說實話的時候，也會用一種有趣的方式表現。我討厭向別人問問題，而她在提問時厚顏無恥的程度倒讓我很羨慕。

她的悲劇在於，在她讓別人錯失一切之後，她自己也錯過了一切。但是她能毀得掉的，只有那些發育不全的事物。因此，所有的偉人正因為他們的偉大，都逃過了米希雅這一劫。她所留下的，只有她所毀壞的一切，也就是什麼也沒有。對於維爾迪蘭斯卡（Verdurinska）夫人來說，她所能做的，只是在布洛（Boulos）先生驚奇的目光下把自己的生活渲染成小說。

米希雅沒辦法腐蝕掉某些人。我的姑姑雅德里安娜住在我家附近，有一回，她來看我的時候對我說：

「我和你的波蘭朋友喝過茶。」

「我的波蘭朋友？」

「是的。那位太太從一大早就穿著緞面的鞋子……我不喜歡她。她一直頗具心機地套我話。我回答她說：『夫人，您把我當做情報局嗎？』你的朋友真是滑稽……你怎麼會喜歡這麼沒教養的外國人呢？」

重返巴黎

在幾個月令人陶醉的自由假期後（我已經好幾年沒度假了），我又回到巴黎，在麗池酒店安頓下來。我在那裡住了六年。

我重新置身於一種既成功又孤獨、猶似獨裁者的生活中。假期把我消磨得筋疲力竭，沒有什麼事能比無所事事更讓我疲憊；我越投入工作就越想工作，只有工作才能讓我休息。

我沒辦法受人指揮，除非是在戀愛中，而且……我不在的時候，店裡沒有任何改變；在其他公司裡，也許會有五十個主管，但在我的店裡，只有一位「香奈兒小姐」。在我離開的這段期間，店裡只有眾多哀傷的女人。我非常尊重別人的自由，同樣也希望別人尊重我的自由；但自由是一件讓人恐慌的禮物，我說的自由不僅是她們的自由，也是指您的自由。

我開始為一個全新的社會工作。不久前，我們還在為成天無所事事的女人縫製衣服，那些女人還需要侍女為她們穿上長筒襪；現在，我的顧客中開始出現了一些活躍的女人。她們需要一件穿起來舒服自在的衣服，襯衫的袖子要能夠捲起來。美不是矯飾，為什麼那麼多母親只會教女兒撒嬌，卻不告訴她們美為何物？確實，美不可能在瞬間學會，但我們在學得許多經驗，明白了美為何物之後，卻發現美竟已不再！這是身為女人的悲劇之一，當然還有許多其他的悲劇，不論小說家和那些「關心女人內心」的人都徹底地忽略了這些。

（但願世人原諒我，你得有足夠的勇氣，才能無視那些美若天仙的女人；而敢說出像我所說的話，也需要等量齊觀的勇氣！）

男人會隨歲月增長而更添韻味，女人相對之下卻會變得人老珠黃。一張熟男的面容遠比少年的樣貌更加迷人。歲月是亞當的魅力，卻是夏娃的悲劇。

女人老了會變得不忍卒睹。你看看下方那個女人，她抬著腿，正在海濱陽傘旁刺眼的陽光下做運動。

我們會說：「她的確有點醜。」

但是，有人會告訴你：

「那是我祖母。」

女人上了年紀之後，會更加關心自己。但出於某種惡魔般的效果和公平原則，最在意自己的人會老得最快。我很同情那些會去專家那兒做保養的女人，她們得窩在柔軟的扶手椅裡，一連在黑暗中坐上好幾個鐘頭。自私者的皺紋是世上最頑固的東西，就像用鑿子刻進皮膚，不管怎麼撫都撫不平。我們談起女人時會語帶恭維地說「她真是個天使。」這只是徒勞，天使也會變老。與其毫無作用地拍打鬆垮下垂的肉，倒不如為你的靈魂好好按摩一下。

確實，當今女性的外貌相較過往已年輕了二十歲，而且依然精力充沛，永不消逝，但是自然的力量終究會戰勝她們的努力。

「波莉娜昨晚真美！」大家還是習慣這麼說。

「不，她已經又老又醜了。」沒有人敢這麼說或這樣想。

芳華易逝，雋美永存。然而，沒有任何女人希望自己雋美，女人只希望自己漂亮，而且還要更漂亮。

沒有人注意到自己內心深處都有個小孩，你為自己悲傷，就等於得意地為那個孩子搖著搖籃。美貌真正的祕訣在於是否能將外在美貌轉化為內在美德，這是眾多女人參不透的。如果她們仍會覺得失望，那麼她們便有救了，然而女人總是那麼相信自己！

世界上沒有失望的女人。

「我只是有那麼一點點胖而以……」

「我還沒胖到那種程度……」

年輕人在女人虛幻的自我安全感中稱讚她們，那是天鵝之歌。來自年輕人的讚頌無比迷人，前提是你得承受得住，因為接受這些讚頌之詞，後果嚴重。

此外，不論你年輕或年老都不重要，重要的是你所處位置是好是壞，我把這比擬為優美或拙劣的畫作；這是原始、官能、無可迴避的。如果沒有人刻意去教，那麼也不會有人變得獨特或引人注目。在火車上，在移民隊伍裡，處處都會有優美的畫面，但是我們得懂得去欣賞、去解讀。讓女人迷失的，是她們已經知道的東西；而會讓最漂亮的女人迷失的，是她們不但知道自己是最漂亮的，而且學會了怎樣變得更漂亮。

世人總會談到保養身體，但是，精神的保養呢？美容應該從心靈開始，否則化妝品毫無作用。

精神態度、如何以迷人之姿現身的藝術、品味、直覺、生命的內在意義，這一切都是學不來的，我們在很小的時候已被徹底形塑。教育改變不了什麼，教師一無是處。他們可以塑造人，但是他們卻更常讓人（特別是女人）迷惘。這時我們永遠都可以用上克里蒙梭評價普安卡雷[1]的話：「他什麼都知道卻什麼都不懂」，而評價白里安[2]的話則恰好相反：「他什麼都不知道卻什麼都懂。」

另一條公理——世上有聰明的女人，但不在時裝店裡（也沒有道德高尚的女人，因為她們可以為一條裙子而出賣靈魂）。

1 Raymond Poincaré：（1860-1934）法國政治家，曾任法國總理、總統，亦為法蘭西學院院士。

2 Aristide Briand：（1862-1932）曾任法國總理，1926年獲諾貝爾和平獎。

對年華已逝的女人而言，鏡子是不存在的，她們用自負取代了鏡子。確實，過了五十歲，事事都變得困難起來。曾有一位髮色灰白的聰明女士對我說：「我不想再過尋歡作樂的生活了！幫我做件衣服，讓我能一直穿到死。」

「這是不可能的，」我對她說，「女人老了就該順應時尚，只有年輕的女人才能有自己的風格。」

女人應該在我們的新時代老去，而不是隨她們原本的時代一起老去。有人對她們說：「買這件吧。」（這句話的意思是，穿上這件黑裙子，妳會顯得風韻猶存。）但是她們不會聽從這樣的意見。老女人的悲哀在於，她總會想起年輕時很適合她穿的天藍色。

「做件老女人穿的衣服給我吧，」埃萊娜．莫朗對我說。

「世界上沒有老女人，」我回答她。

我們在沙龍裡看到的女人是她們理當呈現的樣貌，但在試衣間裡看到的女人則是她們的真面目。

「朵拉、黛西、朵蘿泰雅、迪雅娜，她們看起來都像天使！」認識她們的人會這麼說。天使把她的禮服退了回來，先前她曾穿著這件禮服出席某場晚宴，受到所有人的注目。

天使把禮服退回來的時候說，她原本想訂做紅色天鵝絨的披肩，後來做的卻是黑色天鵝絨披肩，這樣就可以看到訂做的好處。

天使陪著一位夫人來到試衣間：

「這條白色天鵝絨裙很美，但它不是你該穿的款式……」

「我訂做過一條這樣的裙子，穿去參加羅斯切爾德家族的晚宴。」

「相信我，妳還是到勒隆的店裡看看，穿上他的衣服，你會變成另一個人。」（真恐怖！）

天使的朋友託人幫她取回了裙子。隔天，天使出現了。她朋友試穿的那條裙子讓她徹夜難眠。

「我想買昨天店裡那件白色天鵝絨裙，你把當它成打折品算我半價，可以嗎？」

天使總會說：「可以嗎？」

有時候天使購置了新衣之後，又會現身在服裝秀場。她對在場的顧客們耳語道：

「親愛的，在你還沒看莫利紐克斯[3]的作品之前，別做任何決定。」

像這種天使的角色在考克多和吉羅杜[4]的創作中很常見。我之所以了解這種反應浪漫主

3　Molyneux：1918年由Edward Molyneux創立於巴黎的服飾品牌。
4　Jean Giraudoux：（1822-1944）法國劇作家、小說家。

義的最新現象，是因為我從售貨小姐哪兒聽說了不少故事。我們店裡的售貨小姐通常以前都是我的模特兒，她們熱愛這份工作，對工作熟悉的程度也令人讚賞。她們是最忠實的心腹（女人總擔心她的侍女會敲詐勒索，卻完全信任售貨小姐）。售貨小姐有足夠的優點能傾聽天使的懺悔。

「我該離開他嗎？」

「他愛我嗎？」

「薇拉認為他怎麼樣？這是一件好事嗎？」（還有許多其他或粗俗或神聖的話題……）

當她們跟售貨小姐講述自己的生活時（所有的女人都像看門人一樣多話），售貨小姐就沒辦法工作，替顧客試衣已經讓她們不耐煩了，更何況樓上還有三名縫衣師在等她。但天使不懂時間寶貴，她們只顧自己。天使已有一件適合她穿的禮服了，但是在某個聚會場合中為了找點話題，她還是會說：

「我應該去香奈兒店裡看看。」

她又回來試衣，一次，兩次，三次，徒勞無益。天使出於一種虐待狂的心態，會阻止售貨小姐到另一層樓工作，讓她一整天都沒法子做事，但售貨小姐的工作可是得去賣衣服好賺取佣金。

關於試衣間的故事我就在此先擱下了。

我覺得自己似乎把時裝業提升到某種高度。我說這些話無意論人短長，只是單純想說說罷了。

我一直認為，想了解什麼是女人，就必須做過與女人相關的生意。天使無所顧忌，她們是不折不扣的妖婦。

天使不在意是否討人喜歡，她只想到錢。有些天使把我當成商人，總愛問我有關證券交易的內線消息。我回答她們道：

「我不是阿諾夫人。」一九一四年前最美的女人瑪爾特・勒特里耶，她成天只想著證券交易所。侯爵夫人J，她需要的不是宮廷裡的一席座位，而是聖法羅（Saint Phalle）銀行竊聽器前的一張椅子。這就是天使，她身邊的人都會認同上面所形容的一切。然而，天使購物從不付現（在我們這一行，付現金即是在季末付款），天使要用教皇的錢來付。

天使成了寡婦，她穿著黑紗主持一場盛宴：

「他不喜歡我這樣惆悵……」

或是：

「過來吃晚飯吧，我們談談他……」

神學家天使：

「我的宗教讓我不能哭泣。」

男人會有某種天真，但女人完全沒有。至於天使，她無所不能。天使知道沒人殺得了她，因為她是永生的；也知道沒人能關得住她，因為她有翅膀。

上流社會只向時裝店的包裝盒敞開大門（瑪麗．安東妮時期與歐仁尼皇后時期是少有的例外），卻不接待女裁縫。在另一次爭戰之後我說了上面這句話，因為全巴黎都知道我深受歡迎，人人都樂於與我交往，卻不容易遇見我，因為我還是不在晚上出門，我出席過的晚宴和招待會屈指可數。十年過後，許多同行都已躋身上流社會，再過十年，時裝沙龍幾乎不復存在；這時候只有沙龍式的時裝店，所有人都趨之若鶩地趕去參加迪奧的舞會或巴杜[5]的酒會。

我設計的衣服會被穿去出席某些場合，我得知道那些地方所發生的一切，但因為我自己很少出門，所以我養成了一個前所未有的習慣——雇請有身分地位的人來維繫我與外界的連

5　Jean Patou：（1880-1936）法國時裝設計師。

結。於是，社交圈內英國、俄國、義大利或法國的貴族都到康朋街這兒來謀職。有人曾說我是一個反秩序者，因為我貶低那些出身高貴的人，讓他們聽從我的指揮，好讓自己得到某種惡毒的快感。類似這種蠢話還有很多。

俄國芭蕾的興起讓許多法國舞者都丟了飯碗。一九一七年十月，俄國上下一片混亂，巴黎到處都是來自俄國的流亡者。他們鼓起勇氣，開始找工作，就像一七九三年後法國的流亡者在倫敦和聖彼得堡的境遇一樣。那些流亡的貴族總讓我心生憐憫，我雇用了其中一些人，他們的工作是最讓人傷心的職業，但他們若是不工作，情況會更糟。所有奧維涅人心中都有一個謎樣的東方，俄國人讓我著迷，他們在我眼前展現了來自東方的色彩。

有人曾說：「每個女人一生中都該和羅馬尼亞男人交往過。」而我補充道：「每個歐洲人都該臣服於『斯拉夫的魅力』，以了解這種魅力究竟為何。」我對此萬分迷戀。他們那種「你的就是我的」的思想讓我興奮。所有的斯拉夫人都高貴、自然，即使最卑微的斯拉夫人也有其不同之處。

費奧多蘿芙娜到康朋街工作。有一天，我發現她正痛哭流涕。她啜泣著告訴我，她欠了一大筆錢，為了還清債務，她得委身給一個滿頭捲髮、長相醜陋的厚唇石油富商。在負債和失身這兩種不名譽的選項中，她選擇了前者。

「你需要多少錢？」

「三萬法郎。」

「為了三萬法郎跟別人上床，代價太昂貴了。但是花三萬法郎就能免於委身，這個價錢很便宜。錢在這兒，我借給你。」（我用「借」這個字眼時沒抱任何幻想，沒有人會借錢給俄國人，但是給予總會招致不幸；如果說小小贈禮能夠維繫友情，那麼貴重大禮卻會毀壞友誼。）

幾天後，費奧多蘿芙娜邀請我到她家。屋內燈光迷濛，地板上放着淡紫色的燈罩、巴拉萊卡琴，魚子醬放在一大塊冰裡，長頸瓶內裝滿伏特加。在場的還有幾個茨岡人。總之，那是一個俄國人喜歡到處重溫故鄉情的夜晚。想到我的朋友逃離了高加索怪物的魔爪，我非常開心。但是看到當晚的奢華景象，我不禁懷疑我的資助是否真的用在正途上。

「你還清那三萬法郎的債務了嗎？」

「你想怎麼樣啊？我這麼傷心，想先消遣一下，三萬法郎還在我這兒。我買魚子醬用的是……」

這三萬法郎沒再回來過，但是，我不久後看到費奧多蘿芙娜陪在她所鍾愛的那個石油富商身邊，而且很快地，她又為了一個更畸形醜陋的捷克人而離開了石油富商。

狄雅吉列夫

米希雅從沒離開過謝爾格・狄雅吉列夫[1]。他們之間的感情是私密、鄙俗、溫柔、布滿圈套的。謝爾格在其中找到了他的快樂、他的朋友圈、他舒適的生活以及他的必需，而米希雅則發現了能醫治她的苦惱的唯一解藥。在狄雅吉列夫面前，她永遠都不會發脾氣（米希雅的脾氣可是惡名昭彰）。

從我初識謝爾格那天到我對他視而不見之時，我從沒見他休息過。

「只要重演《彼得羅希卡》[2]我就能賺進百萬，我也能靠演出《天方夜譚》[3]維生，就像其他人靠《奇蹟》或《蝙蝠》謀生；但我更在意自己快不快樂。」

他講話的時候，會以戴著沉甸甸戒指的手去摸摸他的大顆黑珍珠綴飾是否還穩穩地別在那條珠灰色的領帶上。芭蕾舞演出結束後，他到我家來吃夜點，總是不願脫下那件外面束著肋形胸飾，以及來自西伯利亞的動物毛皮做墊料的大衣；考克多常用漫畫描繪他這個模樣。他還沒脫下白手套就會先伸手拿巧克力，之後又禁不住誘惑，吃光整盒巧克力，邊吃邊搖晃自己的胖臉和沉重的下巴，最後他又覺得不舒服，徹夜閒談。

對歐洲的天才來說，狄雅吉列夫是一位傑出的伯樂；對舞蹈、音樂和繪畫領域而言，他多產的程度就像巴爾札克創作之豐。這些藝術至今仍然不知有他這樣一位領頭，為西方世界

1 Sergei de Diaghilev：（1872-1929）「Ballet Russe俄國芭蕾舞團」創立者，許多著名的芭蕾舞者、編舞家皆出自此舞團，影響當代芭蕾舞蹈發展甚深。

2 Petrouchka：芭蕾舞劇，音樂由史特拉汶斯基譜寫，1911年由尼金斯基於巴黎首演。

3 Shéhérazade：芭蕾舞劇，1910年首演。林姆斯基・高沙可夫受狄雅吉列夫委託為本劇譜寫同名管弦樂組曲。

引入東方情調。在西班牙，他發現了法雅；在聖彼得堡，他發掘了林姆斯基的門徒——史特拉汶斯基；在阿爾格耶（Arcueil），他發掘了薩提。

他是極具魅力的朋友。我喜歡他匆忙的生活、他的熱情和破爛的穿著，這些都和他奢華的傳奇相去甚遠。他會連續幾天廢寢忘食地排練，彷彿把扶手椅當成家；他願意傾家蕩產，只為呈現一場絕美的演出，他也為音樂家的創作提供了最美的畫面。很多法國人為了附庸風雅，每晚都準備好進行一次「天方夜譚」之旅；狄雅吉列夫告訴他們，在街角會有陌生的巫師，杜卡斯[4]、施密特[5]、拉威爾[6]、畢卡索、德蘭[7]。他從蒙帕納斯的辯論會回來，向群眾介紹這場辯論，引起他們的興趣，解答他們的問題。他固執、寬容、吝嗇，卻也會突然揮霍，他從不預想自己要做什麼。他會毫無緣故地買下天價的畫，而後又轉送別人或任人盜走；他以藝文贊助者的身分周遊歐洲，自己卻身無分文，連褲子都得用別針固定。某個在威尼斯的晚上，他站在廊柱間告訴我們他的童年故事；談到了貝諾瓦[8]同志、聖彼得堡的美術館、他的父親；講起了他來到巴黎的情況，他在那個英雄時代裡介紹俄國聖像，演出俄國歷史劇。

「穆索斯基[9]……」米希雅說（脾氣又發作了）。

4 Paul Dukas：（1865-1935）法國作曲家，最著名作品為《魔法師的學徒》。
5 Florent Schmitt：（1870-1958）法國作曲家。
6 Maurice Ravel：（1875-1937）法國作曲家。作品以《波麗露》最著名。
7 André Derain：（1880-1954）法國畫家，與馬蒂斯共創「野獸派」風格。
8 Alexandre Benois：（1870-1960）俄國藝評家、藝術家，對現代芭蕾及舞台設計影響甚深。
9 Modest Mussorgsky：（1839-1881）俄國作曲家，著名作品《展覽會之畫》、《荒山之夜》。

「當然，不是普羅高菲夫[10]！」他得輕柔地安撫她。

我又看到了他活像隻毛茸茸的小貓的貪吃樣，笑起來時張開的厚唇，下垂的臉頰，藏在他單片眼鏡下讓人愉快、充滿嘲諷味道的眼睛，而鏡架上的黑色緣帶還隨風飄動著。

俄國緩步前進著。一九一〇年充滿了古典和美妙的氣息。《玫瑰芳魂》、《林中仙子》正上演。而後，尼金斯基推開了如宮闈般的大門。巴黎的牆上貼滿了考克多簽了名的玫瑰色或淡紫色的海報，這些海報代表了他們前進的每一個進程。在史特拉汶斯基弓箭手的節拍下，整個大地都為之顫動。大家揣測著誰將登場……在沙特萊的走廊上，擠滿了疲憊的年輕貴族和一群新生的司湯達爾。吉羅杜當時戴著單片眼鏡，拿著巴爾札克式的手杖，臉上露出了嫉妒的表情；還有亨利奧[11]和沃多瓦耶[12]，他們打扮成奧賽騎士的樣子；莫里亞克[13]身穿與救護車同色的藍制服，雙手交疊；伊天・德博蒙這個年輕的波爾多人此刻正因為考克多這個巴黎人成功的事業而徹夜難眠，任何榮耀都減輕不了他的外省自卑情結。這些人都在為本質的顏色與和諧的音符而興奮不已。而狄雅吉列夫則自顧自地做著自己的事業。他的事業，就是在讓人無形之中接受俄國、肯定俄國的信仰。他就像個土耳其的專制君主，身後跟著眾多為其成功所折服的奴隸。

10 Sergei Prokofiev：（1891-1953）俄國作曲家，著名作品《彼得與狼》。
11 Emile Henriot：（1889-1961）法國詩人、小說家。
12 Jean-Louis Vaudoyer：（1883-1963）法國詩人、小說家。
13 François Mauriac：（1885-1970）法國作家、法蘭西學院院士，1952年獲諾貝爾文學獎。

狄雅吉列夫是個出色的雜技演員，也是天資與才華的再造者。雖然他為法國引進了道地的皇家劇院芭蕾舞，但是他的成功卻僅限於行家之間的賞識。（何況也許他只是在巴黎重現了當年聖彼得堡從巴黎借鑑的一切。）他做得極為出色，他杜撰了一個俄國，外國人很自然地相信了他。（聖彼得堡在十年之後才看到曾在巴黎演出的《彼得羅希卡》和《天方夜譚》。）這一切都不過是戲裡騙人的東西，因此其中需要有虛構的觀點；俄國芭蕾所展現的俄羅斯在劇院裡成功了，但這是因為它的成功基礎恰好建立在假想的素材上。

當狄雅吉列夫挖盡了這個礦藏，他便在一九一八年以嶄新的面貌示人。他在舞蹈中引入幽默成分（馬歇尼[14]編舞的《好脾氣的女人》，以及在《遊行》之後與畢卡索合作的《普欽內拉》）。五年後他的事業進入第二春，「六人組」都為他服務，後世也更清楚他曾創作過《母鹿》、《無奈》和《水手》，而不甚了解他的《林中仙子》或《玫瑰芳魂》，更不知道伊天·德博蒙曾受到他的啟發而在瑞典創作了《巴黎之夜》。

狄雅吉列夫老像隻蝴蝶飛來飛去，輕浮而不專一，但他卻是第一個了解應該著手創作傑出作品的人。他也是第一個指出舞蹈並不是非得隨著舞曲圍成圓圈不可的人（其實，鄧肯是這方面的先驅，她曾伴著貝多芬的交響曲起舞）。我們可以在畢卡索的畫上跳舞，也可以依

14 Léonide Massine：（1896-1979） 俄國舞者、編舞家，在尼金斯基離開狄雅吉列夫的舞團之後遞補其首席男舞者的地位。

據達達主義的思想或是克洛岱爾[15]的詩歌跳舞；柏林（Borlin）曾想在這方面另闢蹊徑，但卻一敗塗地。但有同樣想法的狄雅吉列夫卻因為其「輕」而沒有失足。一九一三年，他差點因舞劇《春之祭》引起一陣騷動，那根本就是我們這個時代的《艾爾納尼》[16]！在謝爾格之後，世人將舞蹈創作的靈感來源擴大到黑人雕像、未來主義的廢墟、博物館，以及委拉斯蓋茲、白遼士、巴哈、韓德爾、莎士比亞、保羅．瓦萊里[17]的作品。我知道世人對他的各種指責，說他對舞蹈進行人為的加工，說他讓舞蹈變成附屬於其他藝術的東西……但我們無法否認狄雅吉列夫影響了他的時代。這個時代也是尼金斯基、馬歇尼、里法、帕芙洛娃[18]、沙卡洛夫[19]與阿根廷劇團的時代。這是音樂廳復興的時代，是黑人舞步的時代，是節奏以及造型的時代。或許，這個時代也正是舞蹈最為輝煌興盛的時期。

當我再見到他時，他仍是活力充沛；但他過的是什麼樣的生活啊——不管譜上的旋律是不是舞曲，他都會以藝術鑑賞者的眼光從樂譜中選出一段優美的旋律，而後剪開樂譜，在譜上跳舞；這麼做是不可能成功的。在這樣的豪賭冒險之後，他宣告破產。他撥下頭上那撮白髮，跑到埃德蒙親王夫人那裡，而後又跑到克納爾[20]面前，向她們解釋他當晚急需一千英鎊，他說債主控制著他。當晚，劇院在他奔走之下揭幕了，他雙手交疊，糖尿病讓他額頭上

15 Paul Claudel：（1868-1955）法國詩人、劇作家，雕塑家卡蜜兒（Camille Claudel）之弟。
16《*Hernani*》：法國文豪雨果劇作，1830年於巴黎首演當晚亦引起劇院觀眾暴動。
17 Paul Valéry：（1871-1945）法國作家、詩人。
18 Anna Pavlova：（1881-1931）著名俄國芭蕾女舞者，以表演《垂死天鵝》著稱。
19 les Sakharoff：指Alexander Sakharoff 與其妻Clotilde Sakharoff，兩人同為當時著名舞者、編舞家。

滿是汗水。

「我去找了親王夫人，她給了我七萬五千法郎！」

「她是美國的貴婦，我只是一個法國的裁縫。我給你二十萬吧！」我對他說。

他把錢收進口袋，隔天再度投入他的冒險之中。他被那些既殘忍又空洞的情感劇所折磨，最終迷失方向。而後，他又和一位新的音樂家一起帶著他的第八十部芭蕾舞劇從陰影中——或是說從美國，走了出來。

狄雅吉列夫有時會跟我說起他在一九一四年戰時在瑞士的經歷。他在洛桑的一間庫房裡排練，史特拉汶斯基和拉穆茲[21]在旁邊一起工作，列寧和托洛斯基則在萊蒙湖邊等著搭德國的青灰色火車回俄國。一九一七年，《遊行》上演，革命爆發。沙特萊和普蒂洛夫兵工廠。當我指責這些俄國人如此接近卻互不了解的時候，我以為他們同為一體。

一年年過去，他依然相信天才，也依然在尋找天才，就像一個流浪漢在人行道上尋找菸蒂。

不久前，狄雅吉列夫在返回薩爾斯堡的途中死於威尼斯。那時我們都陪伴在他身旁——卡特琳娜．德朗潔（Cathrine d'Erlanger）、米希雅、柯什洛[22]、里法。

20 Maud Cunard：英國著名指揮家畢勤（Thomas Beecham）爵士之妻。

21 Charles Ramuz：（1878-1947）瑞士作家。

22 Boris Kochno：（1904-1990）俄國詩人、舞者、劇作家，曾擔任狄雅吉列夫的祕書。

隔天，一列列長長的威尼斯輕舟離開了格萊西東正教教堂，駛向聖米歇爾公墓，公墓裡的柏樹探出了白牆牆頭。

「芭蕾舞以後會變成什麼樣子呢？」

「誰能夠承繼這些呢？」

「沒有人。」

狄雅吉列夫的舞作就像艘船，如世人所言，我沒能阻止這艘船遇難。一九一四年以前我沒看過《春之祭》。謝爾格跟我談起這部作品，就像談起一則轟動的新聞，或是某個重大的歷史時刻。我想聽他繼續說下去，並且資助他。我不後悔曾資助過他三十萬法郎。

謝爾格攪動了這個世界的思想、色彩和激情，他身後卻只留下了一對袖釦。在他入土之際，里法用自己的袖釦換下了他的。

榭維涅夫人

我有一位極具魅力的忘年之交——阿多姆·德·榭維涅伯爵夫人。我住在聖歐諾黑區的時候，她住在安茹街（rue d'Anjou），幾乎就在我寓所的對面。一九〇〇年，全巴黎的社交圈以及優雅的仕女都會由各個街區絡繹不絕地造訪她在安茹街的沙龍。當時人們會在十一點半吃午飯，下午三點鐘出門訪友，而後則是俱樂部時間。那時的男士進門就座後，會把大禮帽擱在膝上。榭維涅夫人戴著紅棕色的假髮，她嘶啞的嗓音總會讓普魯斯特陶醉萬分。她專制的態度和不容質疑的語氣讓她彷如聖西蒙小說裡的人物。她看上去就像是位老牌明星，或者說，透過榭維涅夫人的女婿夸賽（Francis de Croisset）筆下的劇本，不管是德瓦爾、莫蕾諾、卡爾東或其他女演員在扮演荒謬的老婦人這類的角色時，都是在竭力地模仿榭維涅夫人。演員模仿伯爵夫人，而伯爵夫人又反過來模仿演員，情況很快就變得複雜。

榭維涅夫人是上流社會中第一個敢出言鄙俗的女人。

她的談話令人陶醉，就像一部編年史、回憶錄，或是雜誌的年終特刊……

「我的孩子啊！現在的女人真是既無知又愚蠢。男人不再教女人任何東西，甚至連怎麼運用官能都不教她們。而我們，我們遇到的男人根本不必教我們這些技巧，他們就是從中而出……我所知道的一切，都是透過做愛學來的。這些事應該由情人來教你，而非丈夫。我的情人帶我去了羅浮宮，我們不能老是……擁吻！我們不能老是只對這檔事感興趣……毫無疑問，賽茜兒和我都會有性欲，性欲啊……但是人總得要休息休息，單身漢也不例外。我說的是還有單身漢公寓的時候，那時候我們都會罩著面紗去那兒，現在大家不論在哪兒都可以做，隨便在什麼上邊，或是在兩道門間，甚至對僕人也不避諱。你看我的女兒（我的小女兒，啊，我發誓她是榭維涅先生的女兒。我其他的孩子都姓阿多姆。沒有一個是私生子！）我的女兒三歲就開始學這些，賽茜兒現在都六十歲了卻還是一無所知！」

「想知道的話不一定得去學，夫人。就像米希雅會去拜訪音樂家，但我可從沒看她彈過蕭邦的作品。」

「說到她，那個女人！她喜歡猶太人。而且，我的孩子啊，米希雅就像一個少數民族聚居區。你看她中意的那些人還有跟在她身後的那些——納坦松[1]、伯恩斯坦、愛德華、薩瓦爾（Alfred Savoir）……我對猶太人沒有偏見，我只是看過很多的例子。簡單的說，福爾總統時期的羅斯切爾德家族不算……在騎士俱樂部，只有哈斯[2]是猶太會員，而且他是一八七一年巴黎公社期間當選的，那天下午沒有人去投反對票……」

榭維涅夫人死於戰前不久。那幾年她都沒再主持沙龍。她的大門只為家人、密友和我敞

1　Thadée Nathanson：米希雅的前夫，著名文學、藝評雜誌《*La Revue Blanche*》主編。
2　Charles Haas：普魯斯特《追憶似水年華》中史旺角色的創作原型。

開。米希雅來看她的時候，她讓她進門，但只是為了迎面對她說些冷言冷語。

「您什麼都懂，居然不懂這個？」

趁米希雅沒注意的時候，她非常露骨地朝我眨眼睛、吐舌頭，調皮地在桌下踢我的腳。

「十九世紀的時候，我們可都舉止端莊。F伯爵喜歡我，至少我這麼認為。某次旅行之後，我挽著榭維涅先生的臂彎去參加一場重要的晚宴。在候見室裡，我撇見F伯爵和他夫人的名字在賓客名單上。這個不忠的男人居然沒告訴我他結了婚。我的臉色大變……但是我馬上恢復神色，對自己說：『你是洛薇．榭維涅，本姓薩德。』」（「薩德！多美的名字啊。要是能本姓薩德，我願意付出一切！」米希雅嘆息說著。）

「我們可是法國人啊！那些外國人以為什麼都能教會我們！我真受不了俄國人……我在聖彼得堡時，曾住在瓦拉狄米爾大公夫人府上。那裡的人很有禮貌，非常有禮貌。在俄國，他們會非常周到地招待你，但不重視你。他們會送你鑲有鑽石的禮物，但也會把你當成物品一樣利用。我在沙皇的夏宮裡見識過俄國人的奢華，真是太美了！」

有時候，老僕人奧古斯特會進來。

「又是誰，奧古斯特？」

「是X夫人，伯爵夫人。」

「你不能告訴她我不舒服嗎？我正和小姐在一起。」

「伯爵夫人，我不能說謊。」

「那你為什麼要當僕人呢？做僕人的生來就要懂得說不。」

奧古斯特擔心我會讓伯爵夫人過度勞累，不久又回來。

「夫人該考慮吃晚飯了。」

「別管我，我正開心呢！這傢伙想餵我！他端了濃湯給我，他以為可以為所欲為，他還以為我是老糊塗呢！我們剛剛在說什麼？說到米希雅不懂蕭邦的音樂？當然！雷納多是一個音樂家！我的孩子，在威尼斯，萬塔里斯夫人為他在貢杜拉船上擺了一台鋼琴。月光，運河，他的輕舟在前，所有人都跟在他的後面。還有馬德拉索！可可，你聽過馬德拉索唱《聖雅克之塔》嗎？這和費維耶可是兩回事！我跟你說了什麼？提醒我一下，我不知道我說到哪兒了，都怪這個蠢人奧古斯特……啊，是的，我們在談現在的年輕女人，這些女人都是蕩婦！比蕩婦還甚！（在我們那個時代，連妓女的舉止都很文雅。）你有沒有注意到，現在的女人都不知道怎麼走進沙龍？想不想看我示範一下她們是怎麼走路的？」

接著伯爵夫人下了床，模仿起當今女性的步態，半是拘束，半是自負，卻總是笨拙地走在一側。

「我們的步伐可是截然不同的！妳知道這樣才是進場嗎？看！」

在這樣的劇烈運動之後，榭維涅夫人氣喘吁吁地躺下。

「我的孩子，我岔氣了，心都要丟了……」

我知道這樣的模仿是個錯誤。她瘦削、猶似悲劇裡的年老小丑的臉轉向我，現出她那小丑般的鼻子。沉悶嘶啞的聲音從她扭曲的嘴裡發出，彷彿來自地底：

「我在安茹街已經住了四十年了，我的孩子要我搬離這裡。我答應他們了，但我知道這樣會為我帶來不幸。人只有死的時候才會離開家，我會因此而死的。如果我能僥倖脫險，妳要記得邀請我啊。但妳別邀請其他老人！邀請我和年輕人就好。如果不成，妳就回來看看我，到時候我跟你說說斯坦迪什夫人和格雷菲勒夫人的故事，她們才是真正的女人！她們知道怎麼行屈膝禮。我在福特斯多夫看過有人行屈膝禮，但那完全是另一回事……」

「奧古斯特，送小姐回家。妳會有很多機會看到我躺在床上的。我的孩子啊，你看，女人一旦到了我這個年齡，脫下胸衣就永遠穿不上了！」

事實上，榭維涅夫人衰弱的那一天終會到來。她的女兒對我說：

「媽媽病的很重，她以為她是在您家裡……」

幾天後，我參加了她的葬禮。

畢卡索

在另一次戰爭期間，畢卡索住在蒙魯日[1]。盜賊潛入他家，偷走了衣服卻沒注意到他的畫作。當然，比起一九一五年，現在的衣服要貴得多，但畢卡索畫作的升值幅度卻遠高於呢絨布料，相信任何盜賊都不會再弄錯。正如拉比什（Labiche）的著作中所說「畫布有價畫無價。」

我不知道畢卡索是否是個天才，要說自己常常往來的某人是天才可是件困難的事。但我相信，幾個世紀以來，的確是有那麼一條看不見的線，牽繫著所有的天才。

幾年過去了，幾十年過去了，畢卡索總是那麼活耀，非常地活躍。他所引領的潮流還是在浪頭上。世人既沒有遺忘他，他也沒有成為偶像；成為偶像同樣也是非常嚴重的事情。他保持著他的聰明才智、雜技演員般的反應以及他那巴斯克人的柔韌——從他父親那方來看，他算巴斯克人。

我對他一直保有深厚的友誼，我想他對我也是如此。雖然經過風風雨雨，我們之間的友情依然如昔。二十年裡，事事都充滿魅力，這其中有許多原因，但最主要的原因是因為一切都不在公領域，因為蒙魯日的盜賊不識畢卡索，也因為政治不會毒害藝術。

我和個性強烈的人總能相處融洽。和大藝術家相處時，我十分尊重他們，同時也非常自

1 Montrouge：位在巴黎城外南方區域。

在。我是他們的良心，如果他們被雜誌批評，我會老實告訴他們。我保有自己的批判意識，如果他們開始讓我仰慕得窒息，那他們就不是真正的藝術家。

「我幫妳防著畢卡索，」米希雅對我說。

我只需有人幫我防著米希雅。

因為米希雅所愛之地，都會寸草不生。畢卡索曾經將交友圈好好地「清理」一番，但是我不在他的清除範圍內。我喜歡這個男人，事實上我喜歡的是他的畫，雖然我完全不懂。我確信如此，而且也樂於如此；對我來說，畢卡索就像是一張數學對數表。

他會先破壞，而後重建。他在一九〇〇年初抵巴黎，那時我還是個孩子，不論賽爾特怎麼評價，畢卡索當時的確已經懂得像安格爾[2]那樣地畫畫。我已經老了，而畢卡索卻不停在工作，他成了繪畫界的放射性定律。我們只能在巴黎相遇（我們不會在奧維涅生活，也不會在馬拉加 [Malaga] 或巴塞隆納度日）。

我認識他的時候，他剛和薩堤與考克多一同從羅馬回來。他們因為《遊行》一劇而湊在一起。在沙特萊的舞台上，《遊行》裡著名的經理人角色在剪裁過的紙板裡有節奏地踏著步；之後，他脫離了立體派和剪貼畫。我見證了他引起許多革命，這些革命總是週期性地震

2　Jean Auguste Dominique Ingres：（1780-1867）法國新古典派畫家。

邊著博埃蒂街（la Boétie）。我看到他的作品大獲成功，而後公眾對《三角帽》、《普欽奈拉》更產生無限的激情。

我經常到他那像煉金師的洞穴裡去。我知道阿波里奈爾[3]、惠更斯街（Huyghens）和拉維尼昂街（Ravignan）的藝術團體都常在他的身邊活動。這是我親眼看到或是聽雷弗迪或馬克思．雅各[4]說起的。我看到他中止了馬拉洛、佩桑、格倫維茲和莫萊男爵等出版社的專營權，好讓自己變成與史達林和羅斯福同等的人。我看到巴黎畫商沃拉和羅森博格圍在這個製造珍寶的珍寶旁邊。我看到考克多引誘他、達達主義和他調情、超現實派極力推崇他。我看到莫迪里亞尼和格里斯[5]逐漸被世人忽略，而畢卡索卻依然如昔。阿波里奈爾談起他時，形容畢卡索內心的旋律就像阿拉伯音樂的節奏一樣單調。多少世紀過去，多少文明傾覆，阿拉真主依舊偉大，而畢卡索正是阿拉的先知。他也是個魔鬼，他會回到招魂桌上驚擾一代代的年輕畫家。日後他若進了羅浮宮，他的吉他聲會讓晚上執勤的警員害怕。雖然總有人不斷巡視，但他的肖像依然會在埃及展品間獨自散步。

3 Guillaume Apollinaire：（1880-1918）法國詩人、作家、藝評家。
4 Max Jacob：（1876-1944）法國詩人、畫家。
5 Juan Gris：（1887-1927）西班牙畫家、雕塑家。

福蘭

我和福蘭[1]之間的一切都非常美好。那時我很年輕，毫無防備。那是休戰年代，福蘭包辦了我的教育。他帶我到小酒館，歪斜的臉孔、刻薄的眼睛、強烈的刺激和總是繃緊的心情；他用自己的聲帶做弓弦，卻也多次被自己的箭所傷。福蘭向我講述這十五年來的巴黎，他說如今的巴黎依然狹小，處處迴盪著第二帝國時期的聲音。

「你喜歡愛德華『阿姨』嗎？你要小心這種人。他們是小人！他們不適合你……我的女兒，人性並不美麗……要是你讓這些同性戀抓到機會，你就會栽在他們手裡。我再說一遍，這些姨婆們都是卑鄙小人！」

一整天就這樣繼續下去，那時是七月，他離不開碎石路，而我也被自己的時裝系列所絆住。七月的巴黎非常迷人，一切都美麗而虛空。巴黎的居民都已經離城，這城市屬於我們。

「我們去吃晚飯吧。我再也不會離開你……尚．魯普[2]，你又怎麼了？你想要什麼？」

「爸爸，給我五法郎」

「不行。」

福蘭迅速穿上他的外套大衣，以布昂（Bruant）的圍巾裹住他沙啞的嗓音。

「爸爸，給我一個五法郎的銀幣……」

1　Jean-Louis Forain：（1852-1931）法國印象派畫家。
2　Jean-Loup：福蘭的兒子。

「媽的！」

福蘭洗淨他的畫筆，把畫筆浸入松節油裡。

「爸爸，給我五法郎……」

爸爸的臉突然閃過一絲愉悅之情：

「他是不是很可愛？」

為了讓他開心，我說：「是的，您的兒子很可愛。」

福蘭對尚・魯普的關愛燃起了最後一絲火花，就像我們正在吹熄的火燄。

「真的嗎？您覺得他很可愛？」

我們出去吃晚飯。我跟他談起了羅蘭桑[3]，格魯（les Groult）得到了她畫作的專賣權。

「她的畫是十足女人的作品……她像是個皮鞋縫紉工。」

他一放鬆下來，說話也變得不那麼尖刻。他讓我為他唱歌。他最喜歡的是這首：

他爬上山
去聽炮聲

3 Marie Laurencin：（1883-1956）法國女畫家、畫風柔美，曾為香奈兒繪製肖像。

爆聲如雷鳴
響在他的褲子中

他在古弗爾的一間酒吧遇見了喬治．雨果[4]。他抓住喬治．雨果的英式西服下襬，一大塊方格子布料作的下襬，活像是馬的遮布！

「聽著，喬治：

爆聲如雷鳴……」

他告訴我人生之道：

「寧可相信不誠實的人，也永遠別相信蠢人。」

或是：

「小心吸毒者。毒品不會讓人變壞，只會釋放人們身上的罪惡因素。」

我們互相道別時，他說：

「到我的工作室來，我想為你畫幅肖像。」

我到了福蘭家。正打算上樓，但剛邁出第一步的時候，福蘭夫人就抓住我。

4 Georges Hugo：（1868-1925）法國文豪雨果之孫，尚．雨果之父。

「我一定要幫您畫一張肖像……」她對我說。

福蘭在上面的樓梯平台焦急地等著我，但福蘭夫人不肯讓我上樓。

「你在半路被她攔住了？老實說！她想阻止你到這兒來？這個潑婦，我要找她算帳！」

福蘭拿出他的紅手帕擦了擦鼻子。

「我告訴你她最近做的一件好事，我告訴你她發現了什麼……她檢查我的口袋，發現了情書……然後，她一句話都不說，卻把情書貼在她的扇子上！在一個重要的晚宴上，她當著所有人面，打開了扇子……」

聖歐諾黑區

就在那段時間，我搬離了麗池酒店，在聖歐諾黑街安頓了下來。關於這次遷居，有人說我從英國學得奢華的布置風格，但事實並非如此。對我而言，真正的奢華是伊索爾伯父家的房子，現在我還是這麼認為——經過歲月磨亮的奧維涅風格家具，鄉間沉重的深色木料，漆過古色顏料的櫻桃木和青黑色的梨木，就像是西班牙的餐桌或佛萊芒的餐具架，布勒（Boulle）時鐘擺在鑲著玳瑁的鐘座裡，衣櫃木板被衣物壓得彎曲變形。我曾以為自己的童年生活非常簡樸，現在卻發現實際上卻是那麼奢華。在奧維涅，一切都是貨真價實，一切都是高大華美的。

我初到巴黎時，有些眼花撩亂，但最讓我震撼的不是巴黎的裝飾，而是巴黎人。我想認識賽茜兒．索蕾爾[1]，《畫報》雜誌聖誕特刊的專欄因為她而吸引了許多外省讀者。一九一六年左右，卡柏帶我到她家做客，我坐在塞爾特旁邊，席間有位夫人目不轉睛地看著我，她就是米希雅。我很喜歡索蕾爾，但是她家裡沒擦亮的細木壁板讓我覺得像是一層石膏，金色的桌布並不是金子做的，而且還有些污漬，有人隨意地把水果放在桌布的污漬上，好讓桌布看起來完美一點，銀器也沒比家具乾淨多少。

我對座的夫人梳著貝殼狀的髮髻，頭上頂著一個看似橘子的東西。晚宴之後她攔住我，

1　Cécile Sorel：（1873-1966）法國著名劇場女演員。

不肯放我走：

「我也住在這附近的碼頭邊，請您也到我家來坐坐。」

米希雅住在《官方日報》編輯部的上方，這是一幢位於伯納街街角的三層舊式小房子，她住在頂樓。當我看見屋子裡一堆物品的時候，我以為她是骨董收藏家，陪我一起來的卡柏也這麼認為。他更不懷好意地問道：「這些是拿來賣的嗎？」玻璃缸裡的魚、酒瓶內的船、玻璃絲做的黑人，而窗上則掛滿閃閃發亮的鋼片做成的摺扇，透過窗子還能望見皇家廣場，這一切都讓我恐懼不已。地板很髒，沒有一處能用抹布擦到，也不可能上蠟，雞毛撢子幾乎沒辦法拂到那些地方；我們常在戲裡看到女僕把雞毛撢子這可怕的東西夾在胳膊下面。這裡的一切都遵從德朗潔在小說裡形容的「雜貨鋪原則」——這些掛在牆上，那些堆在桌下，藏進樓梯裡，壁櫥永遠關不上……我說到哪兒了？現在我又找回了我的思緒。後來，當我住在英國時，我在那裡又發現了伊索爾伯父家的奢華——上了白蠟的櫟木家具、高大的櫥櫃，一切都實實在在，彷彿透著上古時代的安詳感。室內設計是居者靈魂的真實展露，難怪巴爾札克會認為它比衣著還重要。

我開始為我在聖歐諾黑區的房子挑配家具。到處都是光滑的自然色壁毯，壁毯按照我的喜好織成，泛著絲質的光澤，就像上等雪茄菸的色澤。窗簾是栗色的天鵝絨，配有金色束帶，就像是溫斯頓（Winston）那種黃紗纏繞的髮冠。我買東西從不討價還價，只有我的朋友會抗議，米希雅更會因此大打出手。普洛佐夫曾在C公爵那裡花了十萬法郎買下了一塊薩伏納里[2]地毯……

2 Savonnerie：創立於十七世紀的法國手織地毯商，作品精緻華美，甚受歐洲皇室喜愛。

一九三二年

我認識許多名人，不論是已過氣的或正竄起的名人。我之所以談到他們，不是想藉他們來抬高自己，而是因為我喜歡他們勝過其他，也因為這些人發現了我，和我往來了二十年，帶給我許多歡樂。

我一整天都在康朋街工作，之後會到花神咖啡館喝杯茶，這樣一天下來讓我毫無出門的欲望。巴黎經歷了它最為輝煌、最讓人好奇的年代；倫敦和紐約時時刻刻無不關注著巴黎（我不會提到柏林，因為當時的柏林正因貨幣貶值、饑荒和表現主義而痛苦不已）。從康朋街到蒙帕納斯，我看到了聖日爾曼區順應著這種局勢而變化，王親貴族以著名小說的書名為招牌開了茶屋，白俄人突然抵達，歐洲正進行最後一次的復原。菲利浦．貝特洛家族經歷了最後的輝煌，在與克里蒙梭和解之後，雖然當時是普安卡雷當政，但菲利浦在和平議會後期仍頗受青睞。這種待遇在密勒朗（Millerand）時期曾中斷過，但現在菲利浦還是深受眷顧。依靠巴伊、他的哥哥安德烈、巴德爾、布魯姆、米希雅和他先前的朋友，他保住了他的勢力，一如他在戰前兩年，白里安政府時期的權威地位。

我記得有一次在康朋街的美妙聖誕聚餐。考克多那時帶了「六人組」來，這是以薩堤為首的一個新音樂派系，當時的他們正處於「子牛隊」的榮耀時期。普朗克[1]剛剛脫下制服；

1 Francis Jean Marcel Poulenc：（1899-1963）法國作曲家，「六人組」成員之一。

2 Arthus Honnger：（1892-1955）瑞士作曲家，「六人組」成員之一。

3 Camille Saint-Saëns：（1835-1921）法國浪漫派作曲家。

4 Germaine Taillefer：（1892-1983）法國作曲家，「六人組」中唯一的女性成員。

奧里克愛上了伊蕾娜・拉居（Irene Lagut）；還有奧乃格[2]和還沒成為一家之主的米堯。他們正如世人所稱，已經「著作無數」，雖然那時候米堯還沒成為當代的聖桑[3]。迷人的塔耶費爾[4]神采奕奕，還有巴托莉[5]、維內[6]、史特拉汶斯基、莫朗、賽貢札克、塞爾特、米希雅、哥德布斯基、菲利浦・貝特洛一家人，那天大概有三十幾個人。法爾格[7]來到之後拉威爾緊接而至；菲利普高高的額角上貼著捲髮，彷彿要重述《世紀傳奇》[8]；考克多從格雅（Gaya）帶來了他的爵士樂隊；塞貢札克扮成農夫；艾蓮納・貝特洛穿著一件旗袍，讓人想到這種服裝的發源地。薩堤跟我談著一齣芭蕾舞劇，他突然停了下來，因為頭頂圓球蛋糕的米希雅走進他的座位，她面色焦慮，彷彿預感到某種卑劣的陰謀。薩堤掩住山羊鬍子下的嘴，扶了扶眼鏡，對我耳語道：

「貓來了，快把鳥兒藏起來……」

考克多講到他在某個夏天曾和蜜絲坦桂[9]的兒子一起在貢多萊（Condorcet）共度，「現在他是一位大鬍子醫生，住在巴西。」

5 Jane Bathori：（1877-1970）法國當代著名歌劇女中音。

6 Ricardo Viñes：（1875-1943）西班牙鋼琴家。

7 Léon-Paul Fargue：（1876-1947）法國詩人、散文家。

8 《*La Légende des siècles*》：法國文豪雨果詩集，法國文學史上重要作品。

9 Mistinguett：（1875-1956）法國女演員、歌手。

簡樸生活

在我認識的所有男人裡，保羅・伊里布[1]應該算是最複雜的人。他批評我不夠簡樸，單憑這一點就能看出他是個複雜的人。我想我過得還算簡樸，或者，事實上我並不簡樸？簡樸可不是打赤腳或是穿木鞋上街就算；簡樸源自精神，它應由心所生。

「我不明白，為什麼您需要那麼多房間……」他說，「所有這些東西代表什麼呢？您的生活方式會毀了您的。真浪費！要那麼多僕人做什麼？您家裡已經吃得很好了。我常去您那裡，我幾乎就住在您旁邊，您知道您對所有事物都不滿足嗎？我討厭無用的舉動、奢華的花費和複雜的人。」

我說要減少自己需要的願望是假的，但想讓他開心的願望倒是真的。出於這兩種願望，我回答他：

「好吧，我會過得簡樸一點。我會簡化自己的生活。」

我在離康朋街不遠處找到一棟房子，租下其中兩個房間。由於這個簡陋的住所沒有浴室，於是我把其中一間改成了浴室，我住在另一間。我把最喜歡的書和一扇烏木屏風放在那裡，還配了兩把椅子和幾張漂亮的地毯。伊里布看到我搬離原來的房子，他變得憤怒、嫉妒又痛苦。

1 Paul Iribe：（1883-1935）出身西班牙巴斯克地區的法國設計師，創作橫跨家飾、劇場、插畫、服裝等廣泛領域。1914年轉往美國好萊塢發展，擔任多部派拉蒙電影的場景設計及藝術指導，最著名作品為《十誡》。曾與香奈兒相戀。

我說：「我開始過寄宿生的生活了，非常方便，離我自己家只有兩步之遙。我要開始過簡樸的日子了。」

他問道：「這樣裝成輕佻的都市少女讓您很開心嗎？」

我告訴他這一切改變都是因他而起的，我正等著他也租下某間簡陋小屋，因為他那麼喜歡過簡樸的生活。但他沒作任何表示，卻不無嘲諷地問我：

「您過得很幸福嗎？」

「非常幸福。」

「您究竟在耍什麼把戲？您什麼時候要搬回去？」

我發起脾氣來：

「您要我搬離那棟有牆板、大理石和鍛鐵的房子，現在我搬進了這茅草屋。這裡的看門人還會在樓梯間煮飯，我還會隨地踩到空奶瓶，這不就是您要我過的生活嗎？您自己不是也想過過這種生活嗎？」

「您認為我習慣住在這種爛地方嗎？」他極不屑地說。

他走到了對面，在麗池酒店安頓下來。

我和伊里布的關係充滿激情。你要知道我有多討厭激情！激情實在讓人厭惡，真是可怕的疾病！激情的人就像田徑運動員，不知飢寒、不知疲倦，他依靠奇蹟而活。激情是每天的盧爾德[2]朝聖——你看看那位癱瘓的老婦人，當她得到自己想要的東西時，她會邁著像二十歲時的腳步衝下樓梯。激情的人會忽視外在情況，忽視其他人，他們把別人都視為工具，對他人毫無敬重之意。對激情的人而言，別人的時間、幸福和權利都不存在；他有螞蟻的耐性和大象的力氣，他不知阻礙為何，凡事都做到絕。激情與恐懼都是病態的極點，激情的人可以為了滿足自己的怪癖而叫醒共和國的總統，他還會毫不猶豫地幹下各種壞事，而且睡得心安理得。

我對伊里布懷有深厚、溫柔的感情，但現在他已經過世了。過了這麼久之後，只要我一想起他帶來充滿激情的氣氛，我還是憤怒不已。他讓我筋疲力竭，毀了我的健康。伊里布離開巴黎去美國的時候，我開始聲名鵲起，我的名聲日盛，掩過他沒落的榮耀。他在三〇年代返回法國時，不知不覺愛上了我。對他而言，我等於他無法擁有、主宰不了的那個巴黎。他這麼做是為了化解心結，也或許是為了報復他所遭受的冷淡對待。他躲到德米勒[3]家裡，躲在加州奢華卻暗淡的工作室角落裡賭氣。我應該對他心存感激，因為他沒在大可占我便宜的

2 Lourdes：位於法國西南部，因傳聖母曾多次於此地顯靈而成歐洲著名天主教朝聖聖地。

3 Cecil DeMille：（1881-1959）好萊塢元老級電影人，美國「影藝學院」三十六位創立人之一。

時候下手，卻選擇了日後的報復。對我們兩人而言，這個報復來得太晚，但對安撫那些所謂「心結」的幽幽暗影，報復永不嫌遲。

伊里布喜歡我，但出於林林總總的原因，他沒對自己承認過，也沒對我承認過。他愛我，也隱約希望能毀掉我。他希望我被打敗、被凌辱，他希望我死。如果他看到我貧困、無力、癱軟地坐在一輛小車內出現在他面前，他會萬分快樂。伊里布是個極為反常的人，非常多情、非常聰明、非常自私，同時又過分講究。他對我說：

「您是一個可憐的傻瓜。」

他在道德面和審美觀上極度靈活，像極了巴斯克人；在嫉妒方面，他卻是一個徹底的西班牙人。我的過去讓他深受折磨。

伊里布想和我一起逐步經歷那些沒有他的過往，重拾已逝的時光；他要我將所有的過去交代清楚。有一天，他甚至帶我回去奧維涅，回去蒙多爾，想去尋找我年少時的足跡。我們找到了我姨媽的房子……走進那條椴樹小徑時，我真的以為生命又將重新開始。我停下腳步，伊里布獨自向前，他不斷地要我往前走，但我不知道自己該用什麼藉口去見姨媽。過了這麼多年，她們還是不原諒我。她們說，即使我真的回去，也不會有人招待我。

伊里布又走回我身邊，表情平靜而滿足。他親臨其境看到了我所描述的一切，除了當地人已不再穿沙維呢（cheviotte）或駱馬毛料。現在他們都在拉法葉百貨治裝，而那些漂亮的管狀頭飾也早已杳杳無蹤。

關於時裝詩學

因為擔心記者在服裝秀時覺得無聊，也擔心那些外國記者不了解我的創意，有一天，我決定為他們印製一份節目提要，闡釋我的時裝系列，並且為每件衣服編號，在號碼前標明價格等內容，開頭的幾句話則是整個提要的關鍵所在。總之，就是一些評論兼引導的文字，也是為記者先做好準備，暗暗地告訴他們文章已經寫好，當晚就能以電報發出。這個做法成功了，代理人和總編輯都很感激我，其他服裝設計師也急於仿效。他們為了更講究，也開始自己撰寫解說；他們不單單是藝術家，還是作家，有時甚至是思想家。報紙則只需稍稍修改文字，評論注釋一番即可。

就這樣，一種荒謬的抒情誕生了，一種被我稱為「服裝詩學」的熱潮就此形成。這是一種昂貴卻又貧乏無效的廣告。

這樣的抒情詩意在設計師為禮服命名的時候便露出了狐狸尾巴。我在別家店裡聽到的服裝系列名稱讓我不禁失笑；做為回應，我只用數字為自己的設計命名。我的同行P先生不是將他的創作命名為「年輕修道院長之夢」嗎？荒謬會毀了很多東西，但是他可從不禁絕荒謬。

「服裝詩學」可是囊括了許多天才，他們向克洛岱爾、瓦萊里、迪博斯[1]，卡夫卡、齊

1 Charlie du Bos：（1882-1939）法籍英法文學評論家。

克果、杜斯妥也夫斯基、歌德、但丁、埃斯庫羅[2]求救。這種詩意不過是「美的認知」、「時裝業的出現」、「線條理論」、「藉口」、「優先權」和「近似法」！在曼・雷[3]派裡，有一種時裝的攝影詩學；在畢卡索派裡，有一種時裝的繪畫詩學——卡桑德爾[4]如是評論。此外，還有達達主義時裝、超現實主義時裝，或許以後還有存在主義時裝、斯達漢諾夫主義（stakhanovism）時裝，斯基亞帕雷利[5]夫人還想在工廠裡展示她設計的禮服呢。

「時裝詩學」的設計師還會舉辦雞尾酒會、舞會和晚宴。活動耗去大量昂貴的葡萄酒和鮮花，參加者都走踏在蘭花上。

「萬一這之後銷量不好的話……」L或P或W或M感嘆道。

如果辦了這些活動之後，衣服銷量不佳，那就是失敗了；也就是說危機比詩意表現得更明顯。因為酒開得越多，蝕本出售就越嚴重。普瓦雷酒會成功的後果是帶來一千六百萬的虧損。

我從沒在廣告上花過一毛錢。

為了維持廣告效果，時裝業陷入了荒謬之境。正因為荒謬的破壞特性，所以荒謬比毫無意義或曲解意義更嚴重。對比色又開始流行了，這種配色方式只有在舞台上才堪忍受；沒有

2 Eschyle: 古希臘劇作家，被譽為「悲劇之父」。

3 Man Ray：（1890-1976）美國藝術家，對達達主義、超現實主義藝術貢獻頗多，亦以攝影著稱。

4 Adolphe Mouron Cassandre：（1901-1968）法國畫家、字體設計師。最著名作品是法國品牌聖羅蘭的三個字母交疊的商標。

5 Elsa Schiaparelli：（1890-1973）三〇年代崛起於巴黎服裝界的義籍女性設計師，是當時香奈兒的競爭對手。

女人穿上這類服裝走在城裡會好看。或許有人敢穿這樣的衣服出現十分鐘，但如果穿上一整晚，那會是一場災難。我們看見出現了乳房狀的衣袋，茶托大小的鈕釦，鼻子形狀的裝飾，衣服臀部上的嘴，舌狀的皮毛模仿手或眼睛的形狀；艾呂雅（Eluard）被印在絲巾上，阿拉貢（Aragon）布滿整條手帕。這種做法的惡果馬上出現，設計師想運用不尋常的東西來吸引美國顧客，顧客卻被嚇跑了（想討好美國是這群「時裝詩學」設計師一貫的想法），因為如今好品味已經轉移到大西洋對岸，美國人害怕這些荒謬的東西，而且視其為粗糙無比的陷阱。布斯凱（Marie-Louise Bousquet）、若弗瓦（Geoffroy）和貝哈最後才意識到這一點。《*Marie Claire*》曾經堅持做平民的珍寶，這時也想把自己打造成《*Vogue*》或《*Harper Bazzar*》。一個曾想一步步跟隨雜誌建議的普通女人，或許每天應該花上五個小時的時間用來美容。

「您從不滿意。」有人讀過這段戰前的評論時曾對我這麼說。

我從沒滿意過自己的表現，為什麼要對別人滿意？而且，我喜歡佈道。

我覺得很羞恥，我認為羞恥是法國最好的美德，我身邊許多人都因為缺乏羞恥心而思想墮落，這時我就要讓他們明白這一點。如果在我面前有人表現得毫無羞恥心，對我而言，那就好像是他在凌辱我，就好像他強行打開了我的提包搶劫。

我還沒說完關於這個「時裝詩學」……

這很自然地讓我聯想到同性戀。同志對時尚界的影響力遠遠大於共濟會對激進主義的影響和多明我會（les dominicains）對人民陣線的影響。

同志是女人的敵人，但女人卻老愛纏著他們。女人在愚蠢的時候會認為同志脆弱、滑稽又不可怕；女人聰明的時候，又會覺得同志能猜中她的心思，能理解她，傾聽她說話。所有女人都喜歡由讚美構築而成的陷阱，只有同志才善於口操濫美之辭，只有他們才會忝不知恥或心懷惡意地說出誇張的頌辭，女人也因此注定將成為他們的犧牲品。女人很容易相信同志、喜歡他們，而他們卻老是說著讓人難以忍受，刻薄、曖昧的話，而且充滿了駭人的虛偽。同性戀在任何情況下都不會退卻，他們讓我想起諾阿耶夫人的故事：

有人對她說：「怎麼，那位夫人戴著那頂醜帽子進來，都快引起騷動了，您居然會對她稱讚那頂帽子？您不會是真的欣賞她吧？」

「我想還是不談她更好，」安娜回答道。

同志總會伏在女人腳下：「我的美人，我的寶貝，我的天使，我的至愛……」他們覺得怎麼說都不為過，女人也認為如此。他們在女人的脖子圍上讚美的花環，奉承的項鍊，而後用這些勒死女人。他們漂亮的女性朋友會非常開心——女人不會為了取悅自己的丈夫而打扮，她們認真打扮是為了取悅同志朋友，或是為了讓其他的女人吃驚，因為女人喜歡一切極端的東西。

「他們真迷人！他們真有品味！」

他們喜歡修過的眉毛，堅信這樣會讓對手瘋狂；他們喜歡金色的頭髮，黑色的髮根；他們喜歡矯正外科用的鞋子，這些鞋子把他們整成了殘廢。他們臉上的油臭味讓男人倒胃。如果他們能成功切掉女人的胸部，那麼他就成功了！他們就成功了！

我看到很多女人死於同性戀男人狡猾、妖惑的影響——死亡、毒品、醜惡、毀滅、離婚、醜聞，他們用盡這些手段來消滅競爭者和報復女人都還嫌不夠，他們要變成女人，但他們一定會是極壞的女人。

「他們還真是迷人啊！」

為了打敗女人，他們如影隨形地跟蹤女人——除了上床。最瘋狂的同性戀者會以室內裝飾、髮型師、家具設計師為業，甚至還有服裝設計師！他們讓女人陷入最致命的荒誕之中，陷入他們親手掘出的地獄裡。我看見女人落入萬丈深淵，她們昨天還是我漂亮的朋友——貝阿蒂絲、芙羅里蒙德、克蕾莎、芭芭拉，我還叫得出她們的名字，數得出她們的人數，但是單用手指是一定數不清的。

我談到同性戀的時候，不必說，我談的也是他們的思想。我們知道那些寵愛孩子的父親會在舞會上為女兒尋覓良伴，不過他們找到的，往往都是性別錯亂的人。那些人是上流社會的衛士，是墮落的推手，他們寄生在令人迷醉的時尚風氣之中，激起無數惡意毀謗；他們讚頌那些最不堪入目的禮服，饒舌狡猾地品評著高跟鞋，極力宣揚著以白色緞面做填料的家具；只有這些男人才會喜歡脂粉和紅色指甲。這些人結合成一個惡意毀謗他人的團體，那些「走後門」的男人不過是他們的斥候。這些人往往厚顏無恥，臉上滿是鬍渣，頭髮積滿油垢，手上還留有啃咬過的痕跡，而且牙齒還是暗綠色的。他們對充當這些衛士的前鋒部隊毫無興趣，不過，他們卻維繫了這些上流社會的衛士和女人之間的關係。這些人興風作浪，最好的手段就是「時裝詩學」。

根本沒有什麼時裝的藝術！我再說一次，時裝是一種技術，一種職業，一種生意。或許時裝界有時會懂得藝術，這就已經很難得了。有時候時裝也會讓藝術家激動，搭上藝術家的便車，走上成功之路。例如安格爾畫中一頂配有絲帶的農婦帽已成不朽，或者雷諾瓦畫裡一頂婦女小帽更好，但這些都只是偶然，就像是一隻蜻蜓誤把莫內的《睡蓮》當作真正的棲息處而停在上面。如果說服裝能夠媲美雕像，或是能讓女主角更顯耀眼，那已經是非常完美了。但這並不意味服裝設計師的思維、言談、穿著和舉止都像藝術家一樣……然後以藝術家的身分落敗。

戰前的三年裡，我曾經是記者、詩人、服裝設計師的主要攻擊對象。他們的領頭人貝哈策畫了這場對戰——因為我對達利的友好激怒了他。

關於財富

金錢或許是邪惡之物，但我們的文明不也是從一種以惡為基礎的概念中衍生出來的嗎？有原罪就不可能有宗教。正因為金錢是一種邪惡的東西，它才應該被人揮霍。

我透過花錢的方式來判斷一個人。

我對女人說：「千萬不要嫁給有零錢包的男人。」

是的，人不該為賺錢而興奮，而該為花錢而興奮。我們所賺得的錢不過是一種正確決策的物質證明，如果一樁買賣或一件禮服不能帶給我們任何東西，那它就算是失敗的。財富不是積蓄，恰恰相反，財富可以用來解放我們；財富就像明智君主所謂的「我擁有一切，但這一切毫無意義」。同樣地，真正的文化也在於擺脫某些事物。時裝界也是如此，我們通常從某些很美的事物踏出第一步，而後臻至簡約之境。

我又談到了時尚。我只是想順便提一下，沒錢也可以很優雅。

但同樣是錢，在我眼中，盲目崇拜金錢便是一件可憎的事情。

錢不代表美麗，錢僅代表舒適。

女人因為錢能帶來的東西而愛錢，這是很自然的；但如果她們對錢產生由衷的熱愛，那就會非常可怕。一個美女跟你談論契約、公債、人身保險或帳戶的欠存狀況，她的面容將會變得多醜陋啊！我自己屬於那種成天只想著工作的笨女人，我這種女人在工作之餘，也只會想著紙牌算命、別人的故事、當天的瑣事或是一些蠢事。

我唯一喜歡揮霍的東西是我的力量。我很樂意用盡全力去遊說或給予（過不久我就會談到時尚是服裝設計師給這時代的禮物）。無論在工作、愛情還是友情上，給予總是更讓我快樂。我揮霍了幾百萬，在我所交往過的男人中，最為富有的也讓我錢花得最多。

我喜歡購物，但讓人害怕的是，一旦買下之後，你便會擁有。我喜歡各式各樣的小店鋪——縫紉用品店、舊貨店、小商販、服裝店等等。我喜歡那些像狄更斯小說裡或《驢皮記》[1]中所描述的骨董店。每當我到達一個城市之後都會避開精品店，那裡裝滿了我十年前的荒唐設計。

我憎恨有產者。我更不想再看到自己借出去的金錢、書籍和物品。

我只珍惜一些愚蠢或無用之物，因為詩意就隱藏在這些東西裡。這世界所有情感面、社會面的不幸，都源於我們什麼都緊握在手，不肯放棄。

人會像得病一樣，對金錢產生不由自主的迷戀。讓我告訴您一則我親身經歷的故事，這故事就有如一篇莫泊桑的短篇小說。我在羅克布羅恩的房子裡度假，召見了我的會計阿爾塞

1 《*La peau de chagrin*》：巴爾札克所作。故事敘述一位年輕貴族因破產而想自殺之際巧遇某骨董商人，獲贈一張可實現願望的神奇驢皮紙，但實現願望的交換條件是減損壽命。

納先生，他和他的太太及女兒搭當天的二等火車來到這裡。阿爾塞納先生是一個正派的男人，他因為處理借貸問題而早已髮色花白。阿爾塞納一家人在我這裡客居三天，第三天工作結束時，我聽說阿爾塞納先生為了到南方來特地買了一件長禮服，他不希望連一次都沒穿過就回去。

「這簡單！阿爾塞納先生，今晚我帶您去蒙地卡羅。」於是我們走進一間賭場。

阿爾塞納先生看見紙幣漫天飛舞，大大小小籌碼起起落落，他在五分鐘之內贏得的錢等於他全年的薪水。我要回去休息，阿爾塞納先生仍留在賭場，他贏了許多錢卻又全賠了回去，直到隔天早上才回來。他回到巴黎兩個月後，康朋街店裡帳目出現了缺口，我們很快就發現阿爾塞納先生搭火車去蒙地卡羅度了兩次週末。

金錢能點綴生活，但金錢並不是生活。

珠寶也是一樣。以假亂真的珠寶無可比擬，何必要被美麗的石頭迷惑？與其如此，倒不如直接在脖子掛上一張支票。珠寶有一種生動、神祕、裝飾的價值——各種價值它都有，就是沒有用克拉衡量的那種價值。若說珠寶是一種抽象的符號，那麼它代表了卑劣、不公或衰敗。太華美的珠寶會讓我聯想到孀居貴婦的皺紋、鬆弛的皮膚和瘦骨嶙峋的手指，或是死亡、遺囑、公證人、太平間。膚色曬得黝黑的女子耳上垂懸的白耳環令我著迷。有一天，在麗都島，我看見一位體面的美國老婦人坐在大陽傘下，所有想去游泳的年輕美國女郎都託她保管自己的珠寶。最後，老婦人看起來就像我們奧維涅那些飾有圓型釘飾的聖母像，連聖馬可的寶石在她身旁也會黯然失色。我在想，「如果這些年輕女人戴著珠寶下水該有多美啊！她們的皮膚在陽光映照下變得與沙灘同色，她們的珠寶襯在皮膚上會有多麼光彩耀眼！」女人會目不轉睛地看著走進晚宴的另一個女人身上所戴的冠飾或手鐲，她們被那些首飾吸引，眼神會因貪念而迷失，這樣的眼神會讓我聯想不停。我喜歡出借自己的珠寶，就像出借一襲披肩或一雙長統襪。那些女人戴著我的珠寶，高興地凝視著自己，她們感激的微笑中同時流露出絲絲欲置我於死地的願望，這一切都讓我樂此不疲……

用珍貴的素材織出的布匹無法讓女人看起來更顯富有，華美的寶石也不會比這些織品有效。如果一個女人看起來很乏味，那麼不管怎麼打扮都一樣。我們戴著珠寶造訪某人或為某些人戴上珠寶，這時珠寶是用來表達對這些人的尊重。我很樂意配戴首飾，因為這些首飾戴在我身上看起來都像假的。炫耀的欲望讓我厭惡，珠寶不該為了引人羨慕而戴，至多讓人驚豔。我們應該用純潔、天真的眼光來看待珠寶，就像駕車飛快駛過，卻欣賞到路邊一棵開花的蘋果樹時的眼神。對平民來說，珠寶也是社會地位的象徵。沒有皇冠的王后就不算王后，他們是這樣理解珠寶的。一九三六年的春天，巴黎迎接了一場革命[2]，康朋街同樣捲入其中。我決定和反叛者談判。「請小姐摘下首飾！」安潔列驚恐萬分地對我說。「把我所有的珍珠項鍊找來，我要全戴上後才去工作室。」因為我仍然要尊重我的工匠。

2　指當年發生在全巴黎的大罷工行動。

社會工作

最初，我手下只有六名工人，現在我共有三千五百名。

一九三六年，我的公司也和各處一樣，發生罷工（發明這種方式的人的確是天才。）一切都很快樂，很讓人陶醉。全公司都能聽見手風琴演奏的聲音。

「你們有什麼要求？是薪水不夠高嗎？」

「不。」（我公司員工的收入比其他地方都好，因為我知道工作是什麼。浪凡夫人甚至指責我鼓動她的工人怠工，要把我送上法庭。）

「你們想要什麼？」

「我們常常見不到您。只有模特兒才見得到您。」

這是愛的罷工，是源於心靈之需的罷工。

我對員工說：「我要為你們做點事，我把我公司交給你們。」

真感謝法國總工會，感謝公會代表團。新老闆說要動身去尋找資金，答應很快就會回來。我現在都還在等他們。

我在朗德地區的米米贊[1]組織了工人夏令營，這花了我幾百萬，但我不後悔。我為三四百個女人蓋了木屋，還負責出旅費。為了不觸怒她們，我為她們選擇了二等車廂，並且提供

1 Mimizan：法國西南部城市。

一整個月的給薪假期，而不是法定的十五天。

這樣持續了三年。一切都很美，很迷人，很快樂，因為我不想把米米贊變成一個苦刑監獄。

三年之後，市長求我停止這項活動，之後他更發布正式命令。至於原因，他說：「單身女性應選擇原地區的男人，朗德的男人並未達到同一水平。」

史特拉汶斯基

一九二幾年的時候，我認識了史特拉汶斯基[1]。他當時住在羅舍舒亞（Rochechouart）大道的老普利耶[2]家裡。他那時還沒受到各國文化的影響，舉止還是非常地俄國化，表情就像契訶夫小說裡的公務員，淡紅色的大鼻子下面有一撮小鬍子。他很年輕而且有點羞怯，我很喜歡他。在所有人裡，我只對畢卡索有強烈的興趣，但他不是單身。史特拉汶斯基向我求愛。

「您已經結婚了，伊果，」我對他說，「如果您太太卡特琳娜知道的話……」

他以非常俄國的方式回答我：

「她知道我愛您。這麼重要的事我如果不對她說，該對誰說呢？」

米希雅對此並不嫉妒，但是卻說起閒話。她預感到在她不知情的情況下，有些事情發生了：

「您在做什麼？您去了哪裡？有人說伊果在誘惑你，你可得解釋清楚！」

有一天，史特拉汶斯基對我說：「我想在加沃音樂廳辦一場音樂會，但是我沒有足夠的保證金。」

我回答說這件事由我來負責。我找來了安塞美[3]，一切都安排就緒。

1 Igor Stravinsky：（1882-1971）俄國音樂家，與狄雅吉列夫的舞團長期合作，著名作品包含《火鳥》、《春之祭》等。

2 Pleyel：法國鋼琴製造商，與加沃（Gaveau）、艾拉德（Érard）並列法國三大鋼琴製造商。

3 Ernest Ansermet：（1883-1969）瑞士籍指揮家，以詮釋俄國音樂及芭蕾舞曲著稱。

我對史特拉汶斯基說：「現在應該告訴米希雅了，去吧。」

史特拉汶斯基去見了米希雅。

隔天，一個週日清晨，我到隆尚（Longchamp）去散步。

米希雅說：「我一想到史特拉汶斯基接受了妳的錢，簡直難過得說不出話來！」

我在支持狄雅吉列夫的時候，就已經聽過她這句「我一想到……」，但米希雅這時擔心的完全是另一種規模的災難——史特拉汶斯基會離婚娶我。塞爾特也參與進來，他走到伊果那邊。

「先生，卡柏先生託我照顧小姐。先生，像您這樣的男人，簡直就是……」

這場戲的助手米希雅又回到我這裡：

「史特拉汶斯基就在隔壁房裡。他想知道你會不會嫁給他。他已經手足無措了。」

這樣說完之後，塞爾特夫婦為了對史特拉汶斯基進行一場痛苦的愛情教育，便給了他借住的地方。直到有一天我對安塞美說：

「真是白癡，塞爾特夫婦簡直是瘋了。所有人都在談論這件事，連畢卡索也對我頗有微辭。讓伊果回來吧，我們還是朋友。」

史特拉汶斯基回來了。他每天都會來訪，跟我談音樂，我僅有的音樂知識全都得自於他。他跟我談起華格納，談起他的眼中釘貝多芬，也談起俄國。終於，有一天他對我說：

「芭蕾舞團會去西班牙演出，和我們一起去吧。」

「我會去那裡找您。」

我一個人留在巴黎。就在這個時候，迪米崔[4]大公來到巴黎，我從一九一四年之後就沒再見過他。我們共進晚餐，隔天我又見到他。我很友善地對他說：

「我剛買了一輛藍色的小勞斯萊斯，我們去蒙地卡羅吧。」

「我沒有錢，我只有一萬五千法郎。」

「那我也帶同樣的數目，」我回答他。我們帶著三萬法郎出發，開心地玩了一週。

我們走了。

米希雅徹夜難眠。她馬上發了電報給人在西班牙的史特拉汶斯基：「可可是個輕佻的女人，他更喜歡大公而不是藝術家。」

史特拉汶斯基差點兒因此而死。狄雅吉列夫發電報給我說：「別過來，他想殺了你。」

這段到現在還會令我發笑的故事卻改變了伊果的一生，他因此性情大變。伊果原本是個

4 Dimitri Pavlovitch Romanoff：（1891-1941）俄國貴族，末代沙皇的表弟。他曾與香奈兒短暫交往，這段感情與俄國貴族文化的影響也反映在香奈兒服裝設計的俄羅斯風格時期。

謙恭、羞怯的男人，這件事沒讓他依這個方向發展，卻讓他變成一個戴著單片眼鏡的冷酷男人，讓他從一個被征服者變成一個征服者。伊果和許多音樂家一樣，成了一個傑出的商人，他對他的藝術權力瞭若指掌，而且成功地保護了自己的利益。

在米希雅那封背信棄義的電報之後，一連幾週我都和她爭執不斷。她發誓她從沒發過那種電報，我又一次原諒了她。無論如何，米希雅插手干預，撥動了命運之輪，她翻開了生命之書全新的一頁。從那天起，我和史特拉汶斯基都不願再回顧過往。

上流人士

我在這裡要發洩一下對這個時代的怒火，不喜歡的人可以把這幾頁翻過去。我知道我彷彿成了時裝界的萊昂・布洛瓦[1]，但那又怎樣。大家經常說，我是一個反秩序的人。

我雇用上流社會的人，不是為了滿足自己的虛榮心或為了貶低他們的身分（我有其他的報復方式，我承認我曾找過）；但是，就像我說過的，我雇用他們是因為他們對我有用處，因為他們可以替我往來於全巴黎，而我可以上床休息。因為有了他們，我可以像普魯斯特一樣躺在床上就能知道昨天在所有的宴會上大家說了些什麼。我知道什麼是工作，我不付錢給遊手好閒的員工。伊天伯爵工作非常賣力，賣力到暗中煽動我的送貨員怠工，好把他們帶往自己的府邸；他在那裡設置了第二個工作室，卻仍沒放棄在我這兒的工作。我很感謝他，因為付給他的薪水很值得。我不喜歡行事草率的人取代別人的位子，無論在文學界還是服裝界都是如此；想用遊戲的態度來賺錢是不道德的。

說到文學，十幾年前有份美國報紙曾請我寫一個叫「香小姐看……」的專欄。我開始寫了幾篇，很快就厭倦了。我建議編輯請瑪爾特親王夫人來寫，據說她的文筆有起死回生之妙，我還建議編輯這次請法郎士[2]來做這位夫人的祕書。在這些經我啟發卻非我親筆而作的文章裡，當然應該把我寫進去。從第一篇文章起，我們這位童話作家式的親王夫人就用一半

1 Léon Bloy：（1846-1917）法國小說家、詩人。
2 Anatole France：（1844-1924）法國詩人、記者、小說家。

的篇幅來讚美自己，再用四分之一的篇幅來描述巴黎這座燈火通明的城市，巴黎此時成了她的放映機；她用最後僅剩的篇幅發現了我——「巴黎是玫瑰色的，而且透著珍珠的光澤，時光悠緩，我的車在康朋街上停了下來，我踏上人行道，不經意地瞥見一件漂亮的黃色毛衣。我走進店內，為那些小設計師謙遜、頗具創意的才氣而驚嘆。這些設計彷彿是為了迎合我們這些貴婦的需要而來……」您可以看到她的風格。親王夫人沒賺到她的美金，因為她的態度並不誠實。

我特別喜歡雇用外國人。法國人很會為自己爭取利益，卻從不會感激別人（我則恰好相反，我更喜歡為別人爭取利益）。當我為買不起衣服的巴黎女人提供服裝的時候，她們為了顯示自己的獨立，卻來抨擊我。我最後乾脆直接付錢給她們。有人問我：

「您為什們給她們錢？」

我回答：

「為了讓她們說我的壞話。」

我邀請上流社會的朋友一起旅行的時候，總是由我支付旅費。因為當他們確認自己的快樂全屬免費時，他們會變得非常風趣迷人。總之，我是在買他們的好心情。這些上流社會的人有一種無法抵抗的不誠實。在柏林，一位陪我旅行的公爵夫人（一位擁有義大利姓氏的夫人）在離開的時候，一直沉湎於我們下榻旅館裡的一件精美的皮草大衣。那天早上我情緒很差。

「我拒絕為此付帳，」我說。

「哦！但沒什麼需要付錢的啊。」她的朋友回答我（我同樣也帶來了公爵夫人的朋友）。

「怎麼說？」

「我們不必付錢就可以離開，奧雷莉亞沒有留下自己的名字……」總之，這表示她們從我的帳戶上偷竊。我很喜歡奧雷莉亞，十幾年之後，她成了一個高級妓女。

是的，上流社會的人比任何人都讓我開心，他們帶給我歡樂，他們有思想、知分寸，他們懂得一種迷人的背信忘義，一種上等階級的灑脫，一種非常明顯、非常尖刻的傲慢，而且總是處在警戒狀態。他們知道何時應該進場，何時該退出。

說了這些之後，我覺得有錢的R男爵夫人和優雅的B夫人為了那些她們完全買得起的裙子去和我的同行P上床，（但願上帝還有良心！）這實在太令人失望了。當然，這事情她們的丈夫和情人都非常清楚。我在這方面是反秩序的，如果這種情況繼續下去或是變得更嚴重，我想我還是更喜歡布爾什維克。而且，一個社會會消亡可不是因為什麼不可思議的原因，而是因為這種微不足道的理由才會傾覆。

上流社會的人從他們的先祖那裡只繼承了一點，就是完全不知最基本的商業道德為何物。對他們而言，每天都是星期天，而每個人都是「星期天先生[3]」。他們不做生意時，這種無知只局限在上層社會；現在，他們也做起了生意。在時裝界，我很少看到他們依舊保有騎士風範。

我的朋友V夫人在她巴黎的漂亮房子裡為服裝店主舉辦一場晚宴。事實上，同一個P先生儼然成為這次晚宴的國王。晚宴開始前有一場花園雞尾酒會，女主人口頭上請大家都留下來，我走到她的桌旁，雖然他們告訴我我的位子就在那裡，但我卻找不到自己的座位。在我找位子的同時，其他桌位的賓客都已就座，我的同行正忙著招呼。我在屏風後面找到一張獨腳小圓桌，於是一個人坐在那裡。負責出餐的主管第一個發現了我，先前他曾多次在我家做臨時傭工。他看出我被孤立。

「小姐，您不能一個人待在這兒。」

「我坐這兒很好，給我拿一份雞肉冷盤。」

3 Monsieure Dimanche：莫里哀劇作《*Dom Juan*》劇中人物。

「這是香檳，真正的香檳，不是普通氣泡酒。這裡根據桌位不同上兩種酒。」

我戴上自己的大眼鏡，開心地觀察這一切。在我同行的周圍，是他們為之提供服飾的華麗巴黎社會。晚宴令人陶醉，但我同樣看到了恐懼的氣氛。我那些殷勤的朋友也許非常想過來和我打聲招呼，但是她們不敢，她們怕下一件晚禮服就這麼沒了。

最後，我沒吃到甜點。隔天早上，很自然地，晚宴女主人打電話告訴我她知道我受到冷淡待遇的時候已經太遲了，還說她是我最好的朋友，全巴黎所有人都比不上我。在這麼巧妙的背信忘義之後，這話說得還真溫柔！這一切不過都是出於一種一爭高下的需要，一位她和其他人一樣都不能拒絕、像個大官似的人物P，所以她只能比其他女人做得更好，以討P的歡心。

國王消失了，但高級妓女依然存在。

關於可憐的女人

我同情女人，她們很可憐。她們不能參加那些激烈的競爭，她們想要投票、抽菸、使用她們不了解的武器，她們想開卡車，如果她們還能開進壕溝就好了！但是，不！她們開得很好，這才是真正的災難。她們會悲傷、會流淚，她們最需要的是獵槍店裡的左輪手槍，在她們獵捕男人的過程中，她們不了解，男人其實更喜歡扮演獵人的角色（當然別人是獵物，而非他們自己是獵物）。

我同情這些女人，因為她們老是欺騙自己。她們把任何事情都扯到自己身上，她們想取悅路人，路人卻無從知曉。女人得知道怎樣操弄手段、運用計謀，如果她們知道如何利用這些技巧，她們就無所不能了。女人如果有美德的話，也應該先藏起來，但是前提妳必須知道美德是存在的。幾乎所有的男人都會不忠，女人則無一例外。

我對女人沒有任何友誼可言，除了米希雅，她從不欺騙我。女人非常輕佻，我則是很輕浮，而且越老越輕浮，但我從不輕佻。一個太完美的女人會讓男人厭煩。

女人是嫉妒、虛榮、饒舌、思緒混亂的綜合體，儘管如此，我還是喜歡女人賣弄風情。世上有多少男人，就會有多少可憐的女人，而且又有多少產業賴此為生！一個揮霍的女人所能養活的人遠比其致死的人要來得多。

女人會根據顏色選擇衣服，如果少了這個特點，女人就和男人沒兩樣，我的客人也同樣如此。但是，我不喜歡開門讓那些傻瓜進來店裡，她們的工作就是要看遍整個服裝系列卻不懂欣賞。

女人看到一件新的禮服，會失去理智，她們會弄髒一條白色的裙子……女人模仿男人，但是她們卻沒注意到男人穿起來好看的衣服往往會讓女人變醜。

現在來看看那些在餐桌上化妝的女人！她們把重得像鉛條的金質小化妝箱放在餐盤旁邊，用餐巾紙來化妝。她們把梳子擱在叉子旁，金髮落進熱湯裡。她們錯把口紅當成草莓，把赭石色的蜜粉撒進白醬裡。當我看到她們手裡拿著肉片的時候，我還真不知道她們是要塞進嘴裡還是貼在臉上。

還有在床上化妝的女人！你會看到她們臉上黑色的油脂弄髒了枕頭，頭上戴著髮捲，眼皮還沾滿了油。可憐的丈夫，她竟然這樣愚弄他！女人往後再也不必取悅丈夫了，她想取悅別人，取悅那些她白天會見到的人。但他們對她沒有興趣，或者，他們只想嘲笑她。女人由衷喜愛時裝，但她們不會為了一件好看的衣服而犧牲情人。所有人都對我說：「真稀奇！您居然不塗紅色的指甲油！」相信任何女人聽到這種話以後，都不會放過指甲，不會繼續堅持不把指甲塗紅。

她們就是這樣注定得忍受屈辱。她們的腳在桌底下尋找另一個男人的腳，如果有哪個男人沒把腳縮回，她們就會覺得異常幸福，但她們卻抱怨自己沒人愛！她們用虛榮的饒舌讓男人進退兩難——如果是對有教養的保守男人，她們會說他「是個同性戀！」如果男人注意到她們，她們又會說：「他輕薄我。」如果連應該身為表率的人都這樣了，那你可以想像其他人又會如何。（還好其他人的行為要端莊得多。）

我從沒見過依賴女人而成名的男人，相反的，我倒是看過不少毀在女人手裡的男人，因為妻子對丈夫的評判都有失公允。不少妻子會拖垮丈夫的事業，卻少有妻子會促成丈夫的事業。

背叛男人的方法有很多，但是欺騙男人的方式卻很少——比方，亂買東西或淨買些蠢貨，白癡的舉動，虛榮心作祟產生的個人恩怨，讓人難以忍受的說話口氣或沒修養（所有欺騙的含意最終都可歸納成一種）。女人可以藉著在餐桌上像根木頭、不發一語地杵著，製造冰冷氣氛來背叛男人，也可以不斷重複叨唸一段刻意為晚餐而學的小故事來背叛他。女人出於時尚之外，才異常時尚。她們開著貨車、穿著蠟染布衣，口頭禪是「挽回自己的信譽」、

「現在還算過得去」、「同意」、「好極了」等等。她們喜歡輕視男人。

我甚至不想提那些年輕的女人，她們老是有藉口。不過，老女人是最糟糕的，為什麼人老珠黃之後會變得如此不堪？

她們在丈夫面前說的話都混染著胡思亂想的成分。我們那個時代最具魅力和誘惑力的作家C先生很喜歡我花園裡的某座雕像。

「這雕像真漂亮，而且讓人看了都覺得舒服，」他說。

「拿去吧，我送你。」

「你要把它擺哪兒？他一定是發瘋了！」他的妻子震怒道。

他很窘迫地回答道：

「我不會帶走這尊雕像，但是它真的深深觸動了我……」

（隔天，他太太卻要來取走這尊雕像。）

我說：「我很高興能把雕像送給您，因為我很欽佩您。」

他妻子發瘋似地說：「哦！如果你也這樣讚美他就好了！」

下面再來聽聽某位名醫的妻子是怎樣說的。

談到醫生的時間安排：

「週二……聽診。週三……學校上課。週四……啊！週四是專用於愛情的。請您相信，教授從不厭倦！」

還有一位工業家的妻子：

「所以你覺得我不適合穿這件禮服？還是你的意思是說我不會挑衣服？」（晚飯的時候上演了這樣一幕。）

「大腿露得太多了……」馬蒂斯先生答道。

「你敢說你不喜歡我的腿？這兩條腿可是伺候過你多少次！」

這些都是真實的場景，這些話可全都出自巴黎最知名的人物口中。（對巴黎而言，幸運的是這其中沒有一個是巴黎女人。這些話可不是出於黃毛丫頭或五十多歲的老人之口！）

比起男人來，我更怕女人。

當然也有些極端的反例，例如女學者、女詩人、女政治家，那只會更糟。

比起喜歡法蘭西學院的那些女人，我更喜歡迷戀黑人的女人。

我只喜歡兩位女作家，諾阿耶夫人與柯蕾特。伯爵夫人曾讓我深深著迷，她會模仿考克多的神態，而考克多則模仿她的文筆。她從不在餐桌上吃飯，因為她害怕別人打斷她的話。她喝酒的時候，酒杯會變成報告人的酒杯，她會打手勢示意大家她的話還沒說完。她看著我的眼睛，想知道她所說的話裡我喜歡聽哪些。只有我一個人發現她所說的話非常明智。

我喜歡柯蕾特，喜歡她使徒般的雙腳和口音，但是她放任自己長胖是不對的，這個冰雪聰明的女人不明白外在有多重要。她在飲食方面假充好漢；兩條香腸對她來說已經夠吃了，但吃上兩打則完全是病態。她想以此震驚聖托佩[1]。她對自己的肥胖問題越苦惱就越變本加厲地吃下去。也許我曾經很聰明（尤其是很理智），但是我現在已經迷失了。我不聽、不看、不理解的願望和我的固執是我成功的真正原因。

我從來就不喜歡女人，我對她們沒有任何友誼可言（她們不會明白這句話的含意）。而在法國，友誼是一件不可思議的事情。

「名譽」這個詞對女人而言沒有任何含意。

她們不賭博，但她們希望有人跟她們對賭。

最糟糕的是夫妻。

單獨相處的時候，他們各自都會讓你很開心，但聚在一起的時候，他們則令人憎恨；至

1 St. Tropez：蔚藍海岸海濱度假勝地，位在法國東南部。

於想要成為兩人共同的朋友那就更不可能了。所謂「團結就是力量」，夫婦是一個聯盟，聯盟是很討人厭的，因為它很有用。愛情應該是一種相互摧毀的關係，而不是相互拯救的關係。要和一對恩愛的夫妻相處遠比與不和的夫妻相處困難。夫妻從來不會考慮第三方難以忍受的處境。夫妻從來就不是簡單、慷慨、率直的；他們有的是心機、手段和自私。夫妻是人為的創造物，就像社會的道理，這是很不人道的。即使一對夫妻互相厭煩，但在你面前他們也會表現得相親相愛，就像齒輪要彼此咬合，同時卻能讓機器運轉。

幸運的是，「女人不一定是全然屬於雄性的雌性，一對夫婦也可能是兩個個性截然不同的人。」這句令人欣慰的話出自巴爾札克之口。羅蘭桑曾說：「我對『夫婦』這個第三人稱討厭至極。」

卡柏經常對我說：

「別忘了你是個女人……」

我老是忘記。

為了讓自己記得這一點，我站在鏡子前，看著自己可怕的弓眉，像馬一般賁張的鼻孔；我的髮色黑過魔鬼，嘴巴像一道裂縫，裡面汩汩流出一個易怒又寬容的靈魂。在我這女人極其痛苦的面容上方，是小女生頭上會綁的大蝴蝶結——快去上學！我的皮膚如波希米亞人一般黝黑，牙齒和我的珍珠則是對比強烈的潔白；我的身體就像沒有果實的乾枯葡萄藤蔓；我那雙勞動者的手，手指上還戴著美國的「鐵拳頭式」的釘飾。

冷硬的鏡子裡倒映出我性格的冷硬，那是我和鏡子之間的激烈爭鬥。這爭鬥反映了我精明、效率、樂觀、積極、現實、好鬥、幽默而且多疑的性格，這性格就展現了我的法國色彩。最終在我黃褐色的眼睛裡浮現了靈魂的入口；在那裡，我看見自己是一個女人。

一個可憐的女人。

有關時尚或注定消逝的新發明

若論起時尚，你應該滿腔熱忱，但不應狂熱，更不該充滿詩意或文藝腔。一襲禮服可不是一齣悲劇，也不是一幅畫；它是一種充滿魅力、轉瞬即逝的創作，而不是永恆的藝術作品。時尚要能夠消亡，而且迅速消亡，這樣商業才能生存下去。

創造之前應是發明，發明就像種子和幼苗，為了讓它生長，應該有適宜的溫度，而這溫度便是奢華。時尚應該在奢華中產生。奢華可不是隨便湊個二十五個優雅女人就算數了（而且她們的衣服還是免費獲得，這可算不上奢華），奢華首先由藝術家的天分構思出來，並且賦予它特定的形式。接著成千上萬人遵循這種形式，表達它、展現它，而且將它傳散開來。

創造是一種藝術的餽贈，是時裝設計師與時代合作的產物。時裝設計師可不是靠著學習裁製裙子就能成功（製作服裝和開創時尚截然不同）。時尚不單單存在於衣裙間，也存在於空氣裡；是風帶來了時尚，我們推動它，呼吸它；時尚存在空中，也存在於石子路上；時尚無處不在，它在思想風潮裡，也在重大事件中。例如，家居便袍（也就是布爾傑[1]和巴塔[2]筆下的女主角鍾愛的茶會服）之所以銷聲匿跡，或許是因為我們生活在一個幾乎沒有家居生活的時代。

四分之一個世紀以來，我不停地創造時尚，為什麼？因為我知道該如何表達我所處的時

1 Paul Bourget：（1852-1935） 法國小說家。

2 Georges Bataille：（1897-1962） 法國作家。

代。我發明的運動服不是為別的女人想運動而做，而是因為我自己要運動所需。我不出門應酬是因為我要創造時尚，而我創造時尚只因為我要出門，只因為我是第一個享受到這個世紀生活的女人。

為什麼郵輪、沙發、酒店的設計一直都不符合這些地方真正的用途？因為郵輪設計者從沒體驗過風暴，製作沙發的人從沒出入過上層社會，負責裝飾酒店的人都在家裡吃晚飯，而且每晚九點就上床睡覺。同樣的，在我之前，女裝裁縫與男裝裁縫一樣都隱身在店面後，而我卻過著一種現代生活。我有辦法、有品味，我需要我所穿的那些衣服。

時尚應該要能表現時間和空間。「顧客就是上帝」這條商諺在這裡表達了時尚清晰而明確的含意；這句話說明了時尚就像機會，是需要把握住的東西。我看到有個女人騎著自行車，手提包斜跨過肩，一隻手端正地扶著起伏的膝蓋，衣服貼在前胸和腹部，裙襬被車速帶出的風吹起。這女人就像魯賓遜建造了自己的小茅屋一樣，也依照自己的需要創造了自我的時尚風格。這令人讚賞，我非常欣賞地看著她，沒注意到另一個女人快步走來。她撞上我，我們都跌倒在地。我跌倒時臉剛好落在她光滑的兩腿間，她氣呼呼地罵著我。這很令人陶醉，簡直完美。

「您在看什麼！」她說。

「我在看您，夫人，好確定我還沒有過時。」

因為時尚就在街上，它卻不知道自己存在，直到我用自己的方式把它表現出來。時尚就像風景，關乎一種精神，那是我自己的情緒。

「這件禮服銷路不會很好，因為它不是按我的方式設計的。」我有時會這樣對我的員工說。

世界上會有「香奈兒的優雅」或「一九二五年、一九四六年的優雅」，但沒有「某個民族的時尚」這回事。時尚具有某種時間意義，但沒有地域意義。就像雖然有墨西哥菜、希臘菜，但沒有這些地方真正的烹飪法一樣，地域的穿著習慣的確存在（如蘇格蘭格子花呢長巾，西班牙開襟短背心），但僅此而已。巴黎是時尚的發源地，幾個世紀以來，所有人都在這裡交會。

那麼，時裝設計師的才氣何在？才氣便在於預見未來。和國家偉人相比，傑出的時裝設計師腦子裡裝著更多的未來。他的才氣，也就是在冬天設計夏服，在夏天設計冬裝。當顧客在炙熱陽光下游泳時，設計師想到的是寒冰和白霜。

時尚不是藝術，而是職業。如果藝術利用了時尚，對時尚而言，這已是無上榮耀。

即使時尚是醜的，你也最好順應時尚。只要你一遠離時尚就會立刻變成滑稽可笑的人，這更讓人害怕。沒人能超越時尚。

時尚關乎速度。您參觀過在推出新系列服裝之前的服飾店嗎？前一系列的衣服都還沒有下架時，我就已經覺得我在展出前所做的一切都已過時了——一件三個月前的禮服！一個服裝系列只有在最後兩天才能成形，從這方面來看，我們的工作更類似戲劇；戲劇不也是同樣在練習和彩排之間才能體現它的意義嗎？顧客上門前十分鐘，我還在添加花結；下午兩點鐘，模特兒還在試穿裙子，因為後台換裝主管要指揮這些美的詮釋者進行走秀隊形變換，而這時他還是不滿意。

有人說，如果時裝設計師被您簡化成這麼微不足道的角色，是一種膚淺易逝、抓住時代氣息的藝術，那麼如果有人抄襲您、跟您做同樣的事，從您的觀點汲取靈感，好像您的靈感是來自巴黎空氣中散亂飄浮著的東西，您還會認為這是自然的嗎？

但確實如此。發明一旦誕生，就是為了消失在沒沒無聞之中。我無法將自己全部的想法都展現出來，那麼由別人來實現，對我而言也是樂事一件，有時候這甚至比我親自動手更讓我開心；這也是為什麼我總是對我的同行敬而遠之。幾年來，他們認為抄襲是最大的悲劇；但對我而言，沒有抄襲這回事。

祕密地工作、晚上離開工作室時對工人搜身、打仿冒官司、商業間諜、失蹤的樣品、搶承製工坊像搶原子彈程式一樣等等，這些全都是無用、幼稚的。我每年年初推出兩個服裝系列，而我的同行推出四個，以便有時間抄襲我的樣式。（「我們做得更好！」他們這樣說，有時候他們說得也是有道理。）多麼僵化，多麼懶惰，多麼官僚啊！他們對創造這麼不信任，對仿製又這麼害怕！

時尚越是短暫易逝，便越是完美。我們不必去保護已經逝去的東西。

我記得在席洛俱樂部的某次晚宴，有十七個人穿著香奈兒的禮服，卻沒有一套來自我的店裡。阿爾布公爵夫人用這樣的話來迎接我：「我向你發誓，我的衣服來自你店裡。」這話一點用也沒有。還有羅什福科公爵夫人和一個朋友，當天晚宴主人的對話：「我不敢過去和她打招呼，因為我的香奈兒晚裝不是來自她店裡。」我應聲道：「連我都不確定自己的裙子是不是來自自己的店裡。」

因為時尚終將成為過去，所以人們將它脆弱的生命賦予了女人。女人和小孩一樣，都會很快地用壞或破壞某個東西，這樣的確會產生一筆鉅大的開銷！對於依賴她們生存的產業，這至關重要。偉大的征服者用他們身後的廢墟作為相互較量的依據。

我只喜歡自己發明的東西，我只有在遺忘的時候才去發明。

十多年來，大時裝設計師組成一個名為「PAS」[3]的專利權協會，這個組織以反抄襲聯盟的形式出現，是一個托拉斯組織，藉由不給四萬五千個小型時裝店的活路來保證二十幾個大時裝設計師的特權。這麼做真的有必要嗎？

那些小店如果不是藉著闡釋大時裝設計師的構想，又怎麼能生存下去呢？替一條裙子或一張設計圖申請專利，就像是給高射砲裝煞車。我反覆地說這是反現代、反詩意、反法國的。世界曾受益於法國的發明，而法國也曾受益於其他民族開創的理念和設計。存在不過就是運動與交流，時裝設計師自視為藝術家，若真如此，那麼他們應該明白在藝術方面是沒有專利的——埃思庫羅沒有版權，波斯國王也沒有控訴孟德斯鳩仿作。東方人複製，美國人模仿，法國人再造。隆薩[4]的希臘不是謝尼埃[5]筆下的希臘，貝蘭[6]描繪的日本也不是龔古爾描繪的日本……他們已經把古典進行了多次的重新創造。

一九二幾年的某天，在麗都島，我因為光著腳在炙熱的沙灘上走得很累，而皮涼鞋又像

3 PAS：Protection des Arts saisonniers 季節性藝術保護組織。
4 Pierre de Ronsard：（1524-1585）法國詩人，著名「七星詩社」創立人之一。
5 André Chénier：（1762-1794）法國詩人。
6 Jean Bérain：（1640-1711）法國畫家、雕刻家。

在燒著我的腳掌，所以我請札泰爾[7]的鞋匠為我裁了一塊軟木做鞋底，在上面又加上兩條細長的扁帶子。十年後，紐約的櫥窗裡擺滿了軟木底的鞋子。

我覺得一直提著包包很累，又怕弄丟，因此一九三幾年的時候我在上邊加了一條皮帶，把它斜背肩上。從那時起啊……

我對珠寶店內的首飾毫無興趣，因此我請弗朗索瓦·雨果按照我的想法設計了胸針以及所有如夢似幻的首飾，我們現在在皇宮附近的百貨店或是雷沃里拱廊街都還看得到這些設計。

這些小東西現在都有商標，我該為此致歉。我發明了這一切，如果我曾想過得好好保護自己的權益，那我可能因此喪命。

我在想，為什麼我會進入這一行？為什麼我會以革命者的形象出現？我不是為了要創造我喜歡的東西，更重要的，是為了讓那些我不喜歡的東西馬上過氣。我把自己的天分當成炸藥來用，我有完美的批評精神和眼光。正如于勒·雷納爾[8]所說，我有「明確的好惡之分」。看到所有讓我討厭的東西，我都會把它從記憶中剔除，我要把它從我的思緒或我會想起的範圍內驅逐出境。我還得把自己製作的東西和別人給我的東西做得更好。我命中注定就

7　Zattere：威尼斯城內區域。

8　Jules Renard：（1864-1910）法國作家。

是個工具，得做必要的清理工作。

在藝術方面，我們從起步就該做到最好；如果我要建造飛機，我一開始就會造出一架最漂亮的飛機，然後再進行刪減。從最美的東西出發，我們可以過渡到簡潔、實用、價廉。我們可以從一件令人讚賞的禮服轉變到成衣製作，但反之則不可行。這也就是為何時尚一旦布滿街頭便會很快地消亡的原因。

我常聽人說成衣扼殺了時尚。時尚需要被扼殺，它生來就注定如此。

廉價只能從高價而生，為了讓廉價時裝店生存，就必須先有昂貴時裝的存在。數量並非多重的質量，兩者本質上截然不同。如果大家能夠了解、體會、接受了這一點，巴黎就有救了。

有人說：「時尚不會再在巴黎產生了」，紐約製造時尚，好萊塢傳播時尚，巴黎則深受其苦。我不相信這些，的確，電影在時尚界引起了爆炸效應；電影院裡傳播的圖像，對全世界的影響力之大是沒有極限的。我也是美國電影的愛好者，我也期待電影能夠特別彰顯某種線條、顏色或服裝樣式。面孔、側影、髮型、手、腳趾甲、可移動的酒吧、沙發裡的冰箱、巨型收音機，所有電影旁及的部份和不值錢的小玩意兒都是好萊塢成功的關鍵。但是好萊塢無法更深入地觸及身體的核心問題，它還沒征服這個人類內在的悲劇，這正是偉大造物主的特權，以及古老文明的標誌，至少現在依然如此。

美國人曾多次請我到加州去推動時尚發展，但我拒絕了，因為我知道這種方法是人為的，因此是消極的。比起勃艮第多石的土壤或吉耶納[9]多沙的土地來說，世界上有許多更為豐饒的土地。從貝絲（Perse）到太平洋，大家都試著想釀造葡萄酒，但是從沒釀成過勃艮第的Clos-Vougeot或吉耶納的A ÿ酒。富饒和方法可不代表全部。葛麗泰・嘉寶這位銀幕上最偉大的藝術家，卻同時也是上流社會中最不會穿衣服的女人。

我經過里昂的時候，見過當地一家布料大廠的廠主。

「我讓您看一件即將引起時裝革命的東西！」他對我說。

他拿出了印有卡通圖案的絲綢。

「我向迪士尼買來的版權，您覺得怎樣？」他語帶驕傲地說。

「您為什麼浪費錢在這些蠢東西上？」我答道。

「這東西不會讓您覺得很興奮嗎？」

「我害怕荒謬的東西。穿上臀部印了頭牛的衣服散步，當然會引人注目，我不喜歡引人

9　Guyenne：法國西南部區域。

注目的東西。留著您的布料吧，這些用來做兒童房的窗簾會很不錯。您會讓您的夫人穿這些嗎？」

「啊，不！我的陛下（他這樣稱呼他的妻子）不能穿這樣的東西。」

同行說：

「香奈兒缺乏勇氣。她是一個被革命超越的革命者。」

我這麼回答——或許革命會存在於政治中，但革命是種貧乏的東西（因為有史以來的革命都只有兩種選擇——讓人生活在自由社會或是獨裁社會，選項A和選項B），這樣的革命只需透過一個半圓梯形會場就能運作，一邊是左派，一邊是右派。但是時裝界不會發生革命，時裝界就像風尚一樣豐富、細膩、深刻，而且，時裝正是風尚的一種展現。

總之，成衣製造業是存在的。成衣業成功地創造了奇蹟，而且淹沒了全世界。但是它混淆了數量與質量，就像把蘋果與梨子混在一起。法國會是最後一個投降的，但巴黎永遠都不會臣服。我們的地區太小，小到無法發展成衣業，我們的狹小拯救了我們。雪鐵龍自認為是福特，它來自荷蘭，它不知道格勒奈（Grenelle）大街可不是底特律。

回頭來談時裝界的模仿。我問我的同行，外國人是否能自由抄襲我們的作品？是的，他們會不會這麼做呢？會。那麼想為一條裙子申請專利也就沒有用，這等於承認我們缺乏創造力。如果你們在國際大鱷面前束手無策，為什麼一定要從我們的小時裝店主口中奪食呢？拉辛[10]和莫里哀可從沒因為小學老師而苦惱過。在剽竊的每一頁上，都充滿欣賞與愛。

因為我支持這些論點，所以我的同行恨我。他們和我斷絕往來，剝奪我的布料供應整整七年；但時至今日，我的觀點遠比以往更加明晰。

我之所以堅持這場關於仿作的爭論，是因為這已在我和同行之間形成了一道無法填補的鴻溝。我創造出新的時尚、新的發明，提出新的製造方法，促成無數新產業誕生，但這一切皆是徒勞，時裝界並不理解我。男人極為官僚，天性如此，我們不可能改變這一點。他們會把所有事物劃分成各種體系、阻絕各種思想，把一切統統封進箱子裡。

您見識到我真實的壞脾氣了嗎？

我欣賞美國，也喜歡這國家。我在美國發了財，對許多美國人而言（您我同樣不認識他們），我就是法國。我想，美國比世界各地更了解我的創作，因為美國人不會「為了美國人工作」；也就是說，像我們法國的同行一樣，目不轉睛地盯著《*Life*》和《*Fortune*》雜誌。為數眾多的法國人住在美國，但美國的時尚是否受過絲毫影響呢？奢華在美國，而奢華的精

10 Jean Racine：（1639-1699）法國劇作家，與莫里哀、高乃依（P.Corneille）共稱法國戲劇三傑。

神卻依然潛居在法國。為什麼要像莫利紐克斯這樣，去找美國或英國的模特兒？為什麼要去紐約尋找從巴黎傳過去的品味呢？波爾多的Retour des Isles葡萄酒會在船運的過程中變得更加醇美，但禮服可不會。

做這行的人並非一定得去思考那些荒誕的事情，恰好相反，他們該去糾正那些過於誇張的事物。我最喜歡事物的本質狀態，我們應該學習中庸。太美的女人會讓其他女人心生不快，而太醜的女人則會讓男人傷心。

一百萬個女人中只會有五個聰明女人——這話要不是女人，誰敢告訴女人？

女人會想到各種顏色，卻想不到這些顏色的缺點。我認為黑色能包容一切，白色也是，它們是絕美的顏色，也是絕美的搭配。在舞會上讓女人穿上黑或白，她們會成為眾人眼中的唯一焦點。

顧客只注重細節，因此她們容易分心，她們錯誤地忽視了男人的意見。男人喜歡和穿著得體的女人出門，而非和豔光四射的女人同行。如果他們的女伴打扮得花枝招展，他們倒情願待在家裡，以免受旁人的注目折磨。為什麼女人在打扮時不去想如何讓人開心，而總想讓人驚訝呢？只有非常年輕的男人才需要別人向他解釋何謂幸福，只有他們才需要旁人圍聚在他女伴行經之處。

時尚的革命應當是有意識、讓人難以察覺的逐步變化。我從來不從先驗或抽象的概念出發，我從沒在十個月之前就能決定下一季的裙子是否該裁得更長一點。

我的客戶裡從來沒有女演員。對時尚來說，女演員從一九一四年之後就不復存在了。在此之前，是她們在創造時尚。

最後的國王

有一天（那時正是中午），一個為我工作的英國女人帕梅拉走過來對我說：

「幫我一個忙，你不會有損失。只要你幫我，我就能得到某件禮物。我想要這件禮物，更確切地說，我需要這個禮物。西敏公爵剛剛來過這裡，他的快艇就停在摩納哥錨地，他想認識你；我在重賞誘惑之下同意帶你去那裡吃晚飯。」

我很喜歡這種罕見的坦率，但我沒有因此讓步。我已經習慣了帕梅拉，習慣在每個女人身上看到魔鬼。

「我當然不會去」

「求求您。」

「我不會去。」

不久後，由於慣性的意志不堅，我讓步了。帕梅拉會得到她的禮物，因為我答應隔天晚上過去吃飯。當天我收到狄米崔從巴黎發來的電報，說他恰好也會在隔天到達。當然，我開始猶豫是否該去參加晚宴。狄米崔抵達的時候，我當著帕梅拉的面前跟他提起這件事。

「如果我受邀去看看那艘快艇，我會很開心。」狄米崔帶著一種迷人的灑脫如是說道。

帕梅拉馬上看出了關鍵，說：「沒關係，我可以請他們也邀您同行。」

兩小時之後，西敏公爵也邀請了狄米崔參加當天的晚宴。

「狄米崔，你錯了……」我說。

「為什麼？」

「我不知道。但是人不應該干預命運。我隱約覺得你和我單獨晚餐會更好……」

我生命中有十年是和西敏公爵共度的。我稍後就會談到那是怎樣的十年。我想先向您解釋他是怎樣的人，因為我從他那兒所得到最大的快樂，就是看到他依然健在。儘管他表面笨拙，卻是個高明的獵手；能將我留在身邊十年，必須有點手腕。我和他共度的這十年生活非常溫柔，我對他也非常友好，我們還是朋友。我曾經愛過他，或者說，我覺得我曾經愛過他，對他而言亦然。他代表了好奇與溫柔，他屬於那個年代有教養的好男人。所有的英國人都很有教養，至少在加萊[1]是這樣。

戰前不久，我受邀到尚．普沃（Jean Prouvost）先生家裡參加晚宴。普沃是一家重要晚報的報社經理。我非常準時，八點四十五分走進他家。普沃先生藉口頭疼，讓所有的賓客等了兩個小時。我們必須等著入席，而普沃先生甚至連一句解釋的話也沒有。對他而言，從上流社會小女人那裡學來的禮儀課顯然沒有任何作用。

1 Calais：法國北部濱海城市，臨多佛海峽，是距離英國最近的法國城市。

要以優雅的態度表現出不禮貌，得先有很好的教養，這就是西敏公爵的方式。

他非常單純，是我見過最害羞的男人。他有著國王般的羞怯，就像是被他的身分和財富孤立的人。他正如你所認知的那些英國大人物，非常拘謹，他知道別人知道這一點；當他想證明自己也是個普通人時，他的拘謹也不會減少半分。西敏公爵害怕與人接觸，他在初次見面時會逃開，除非他在不經意的情況下低頭越過了障礙。而當他克服這個障礙時，你會看到他很開心。有一天，我在比亞里茲[2]的某間酒吧門口，看見他很親切地握著一個人的胳膊，那個人也滔滔不絕地跟他說著什麼。

「您知道那是誰嗎？」西敏公爵回到我身邊時，我這樣問他。

「完全不知。」

「那是普瓦雷，時裝設計師。」

「好傢伙！」西敏公爵高興地說。

隔天，他又在羽球場遇見了普瓦雷，對他極為友好。他驕傲地走回我身邊說：

「您看，我和普瓦雷相處，一點都不會驚慌失措。」

我說到這段故事，因為這情景彷彿是回憶錄裡看到的故事。可能是路易十六、查理六世

2　Biarritz：法國西南部濱海度假城市，臨比斯開灣。

的回憶錄，是聖嬰的回憶錄。

西敏公爵就是優雅的同義詞。他身邊沒有任何新東西，我還必須買鞋子給他；他一件西裝穿了二十五年，無論如何都不肯走進裁縫店，也不肯讓裁縫來家裡服務。西敏公爵有兩艘快艇，一艘是皇家海軍備用驅逐艦，另一艘是四桅帆船。船停靠上岸時，所有人都會像快艇駕駛員那樣，戴著那種漂亮的鴨舌帽，到碼頭去買明信片，他卻總是戴著一頂舊式禮帽上岸。

西敏公爵是全英國最富有的人，可能也是全歐洲最富有的人。（沒有人知道，甚至連他自己——特別是他自己也不曉得。）我這麼說，是因為有錢到這樣的層級，已經不再庸俗，而是遠遠超出了引人嫉妒的範圍，幾乎到了引起災難的規模。我這樣說還因為西敏公爵就像是一個消逝文明的最後遺物；他彷彿是件骨董，很自然地就能在過往回憶中找到他的位置。朗斯代爾（Lonsdale）伯爵為我展示伊頓霍爾（Eaton Hall）這棟西敏公爵所擁有的宅邸的奢華：

「當這宅邸的主人不復存在時，我們在這裡所見的一切便將結束。」

太富有或太高大都是件可怕的事。第一種情況下，你難以找到幸福；第二種情況下，你找不到合適的床鋪。

只要別人不惹他煩惱，西敏公爵的性格還是非常迷人的，他對自己已經夠煩惱了。他高大粗壯，至少外表上看來如此。他的智慧在於他強烈的感受性，在他身上滿具無限魅力的荒唐之處。他不是沒有仇恨思想的人，他有的，是那種像大象會記仇一樣，醞釀已久的小仇恨，因為他是個喜歡戲弄別人的人。他不太喜歡生物，尤其是動物和植物。

我在柴郡的伊頓霍爾別墅的花園散步時，發現了隱藏在山谷裡的大溫室，就像巴黎的溫室一樣，像從前的俄國和波蘭那樣，溫室裡有餐桌上吃的四季水果，桃子、油桃、草莓……我帶了西敏公爵到那裡，他似乎不知道這地方歸他所有。我們奔向草莓園，像小學生似地採草莓。隔天我再去溫室時，發現溫室的門鎖上了。我告訴我的朋友，他馬上召來園丁總管。

「我把門鎖上了，公爵，因為有人偷摘草莓。」園丁總管說。

「賊……就是小姐！」西敏公爵近乎卑鄙地說。

園丁在伊頓霍爾別墅活了一輩子，絕沒想過主人會出於好玩而去吃花壇裡的草莓。

有一次我們又到了溫室：

「這花真漂亮啊！」西敏公爵喊道，「這些美妙的蘭花最後都到哪兒去了？為什麼從來沒在城堡裡看過？」

「它們送去了醫院、教堂……」園丁總管回答道。

我欣賞著這些無盡的財富如何默默地消失，就像一條大河消失在沙漠裡。

雖然有溫室培植，西敏公爵還是只喜歡自然的花朵。他把剛從草地上摘下的第一朵雪蓮裝進盒子送給我，這最讓我開心。他在各處都有房產，每一次旅行，我都會發現新房子。你根本看不完他所有的房子，無論在愛爾蘭、達爾瑪堤島[3]或羅馬尼亞的喀爾巴阡，處處都有他的房子，而且設備齊全，我們到了之後馬上可以吃飯、休息。房子裡的銀器擦得閃亮，汽車的蓄電池充飽了電（伊頓霍爾別墅的車庫裡有十七輛老式勞斯萊斯！），汽艇蓄滿了油停在港口，各處的房子裡都有穿著制服的僕人管家，門廳的桌上總放著世界各地的報刊雜誌。

西敏公爵一位蘇格蘭老友對我說，這裡沒人讀的報刊所消耗的費用，等於一份上好的年金收入。

在蘇格蘭的荒野上，有專為打獵垂釣所準備的松雞和鮭魚；同時在維萊科特雷（Villers-Cotterêts）或朗德的森林裡，獵獸飼養員則配鞍上馬，做出野獸的蹤跡和捕獵的小徑，我不

3　Dalmatie：位於克羅埃西亞南部、亞得里亞海東岸。

禁懷疑他們是否連睡覺都穿著紅色制服；而那些一直待在船帆或舵旁的快艇船長，我則懷疑他們是否都只是畫在艉樓上的圖案。總之，這一切會讓人懷疑這樣荒誕的仙境是不是惡夢，一個流浪者的夢。（甚至連這夢都是無意識的，因為它的存在本該如此，幾個世紀以來都沒改變過。）

伊頓霍爾別墅靠近海斯特（Hester），這迷人的城市也屬於我們的大人，那是莎士比亞筆下的名字；那裡的木房子有尖頭的山牆和法斯塔夫時代那種黑白相間的牆柱。這座城堡有很長一段時間都擔負著保衛古羅馬邊境、抵抗高盧人的使命；現在，只有一座饒富中世紀韻味的地窖留存下來，因為它屬於瓦爾特．斯考特[4]。城堡周圍是義大利式的露台，還有馴馬場的小徑、模範農場、迪斯雷利[5]小說中那種開滿杜鵑花的森林；還有眾多的畫廊，擺滿了魯本斯、拉斐爾、托瓦爾森[6]和其他英國大畫家的畫作。

為什麼西敏公爵喜歡和我在一起？

第一，因為我從沒想要追捕他。英國女人只想追捕男人，所有的男人。如果有個男人家世顯赫又極其富有，那他就不再單純是個男人，而成了獵物，像一隻狐狸般的獵物，而且天天都身處狩獵期。我們可以想像在這種情況下，和一個同樣也被人追捕在後、一個或許隔天

4 Walter Scott：（1771-1832）蘇格蘭歷史小說家、詩人，著名作品有《薩克遜劫後英雄傳》。
5 Benjamin Disareli：（1804-1881）曾任英國首相，也是小說家。
6 Bertel Thorvaldsen：（1770-1844）丹麥雕塑家，最著名的作品為位在瑞士琉森，紀念六百位在法國大革命時期為護衛巴黎杜樂麗宮而慘遭屠殺的瑞士士兵的《獅子紀念碑》。

就會衝破籠子逃跑的人一起生活，該有多快樂。

英國女人是思想單純的人，或像飼馬員。但是綜合這兩種情況，她們都是女獵人，她們要不是在獵捕馬，就是在追捕靈魂，英國女人總是處在獵捕過程中。我從不會說：「我喜歡這個男人，我要抓到他，我的獵槍在那裡？」運動對許多英國女人而言已成第二天性，但第一天性，是男人。

奧蕾利亞的騎術很好，能騎馬緊跟獵犬因而小有名氣。有一天，在騎馬的時候，我對她說：

「跳一下！」

「啊！不！只跟你在一起，我太害怕了！只有在有男人看著我的時候，我才會跳起來。為你跳一下，太不值得了。」

西敏公爵喜歡和我在一起，因為我是個法國女人。英國女人的占有欲很強，而且非常冷漠，男人和她們在一起很容易厭倦。（美國男人正好相反，他們怕法國女人，幾乎不娶法國女人為妻。但在英國成功的法國女人卻數不勝數。）

此外，英國女人並非絕無私心。法國女人曾是如此，但她們已不再這樣了。（你不應該指責我誹謗英國女人，因為我會誹謗所有的人；而且因為英國的小說是一面反映當地風俗的鏡子，我所說的一切在英國小說，特別是劣等小說裡都找得到。劣等小說通常比名著更了解刻畫社會的方法。）

英國女人很笨，她們專做讓男人不開心的事，但這並不是我們的錯。英國男人和馬屬於同物種；在賽馬中，在賭博中，英國男人都像馬一樣。斯威夫特非常清楚這點——您記不記得在《格列佛遊記》，慧駰國的兩匹馬嘶嘶叫著交談？

我說的這一切都源自於一篇我在倫敦引起轟動的文章。那是一篇關於藍道夫．邱吉爾的文章。他四處投稿卻幾度遭拒，我陪他一起去了《每日郵報》的編輯部。在皇家賽馬會期間，我這篇文章出現在頭版。我以溫柔的口吻在文內談到英國男人，卻對英國女人隻字未提。文章反應熱烈，全國男人競相傳閱。

十八世紀末，一個名叫帝利（Tilly）的法國人針對英國人寫了一些非常恰當卻又非常無禮的內容，他做出了下述正確的評價：「英國男人是世界上最可能迎娶情婦而且不會追問她過去的人。」

朋友們。

還有邱吉爾。

還有被我稱為小矮人的馬爾巴羅（Malborough）公爵。和他高瘦的母親相比，他顯得非常矮小。我對他的妻子說：「公爵夫人自以為是與眾不同的女人。」

還有朗斯代爾。

我的朋友讓他厭煩。朗斯代爾完全無法理解米希雅，米希雅對英國也一竅不通。他很怕塞爾特，塞爾特曾經鋸斷鸛的長喙，讓它餓死；他還曾把狗推下威尼斯大運河。

我命中注定沒變成英國女人。世人所說的那種「令人期待」的情況，對我而言並非如此。我要求他結婚。

我很煩惱，那種因閒逸、富裕而產生的齷齪煩惱。十年裡，西敏公爵要我做的一切，我都做了。女人在讓步的時候並不是自卑自賤。

我一直都知道什麼時候該轉身離開。

可能會拖延幾個月、一年，但我知道我會走，我人雖仍在但心已遠離，我已經滿足了潛藏在我看似積極的作為底下的慵懶心態。我原本想變成一個躲在後宮的女人，但是經驗到此為止。釣鮭魚的日子不算生活，任何一種不幸都要好過這樣的生活。假期已經結束了，這次假期花了我一大筆錢，我疏忽了公司，放棄了生意，這些生意可是某些僕人的金飯碗。

也許我曾有機會成為就字面意義上來說最富有的女人。「把這些林布蘭的畫都帶走吧，」我的朋友每天對我說，「這些哈爾斯[7]的畫送給您。」

他對我說：

「我失去您了。我會不習慣沒有您的生活。」

我回答他說：

「我不愛您了。和一個不愛您的女人上床，您會開心嗎？」我用粗暴的態度對待男人之後，他們往往會變得非常溫柔。

西敏公爵突然發現我不在了。

他知道和我在一起時，他想要的一切都得不到。身為一位大人物，當一個法國小女人對他說不的時候，他變得一文不值。這對他而言是一個極大的震撼，內心久久無法平靜。

多年後，西敏公爵邀請我去看他，當時我正在義大利旅行，我回答他說：「我接受您的邀請，請親切待我。」我回到了蘇格蘭，我的朋友回到了滿是寄生蟲的宮廷。

我的運氣不好，那次旅行很不開心。在豔陽高照的麗都島之後，是倫敦的大雨滂沱。聖

7 Frans Hals：（1580-1666）荷蘭畫家，以肖像畫著稱。

潘克拉斯（Saint-Pancras）車站再也沒有祕書恭候，西敏公爵也沒有在因弗納斯（Inverness）等我。那是一個乾燥的夏天，溪裡無水可供垂釣。

「多大的轉變啊！」

一個法國外省女人……

她決心造一座漂亮的房子！

候見室裡再也沒有獵槍和釣魚竿了。

我預先寫信給他的妻子：「如果我的到訪會讓您厭煩的話，我就不去。」她回信道：「一點兒也不會。我清楚您的為人（為什麼不是我的心機或是我想和公爵重修舊好的主意？），我知道您不會說我的壞話。」

坐擁財富的西敏公爵了解身居高處的煩惱和暴君的孤獨。他是不受法律控制之人，對於他而言，世上沒有不可能的事。我不敢抱怨身體不適，或是偏頭痛，因為一通電話之後，哈利街上最著名的醫生和專家便會帶著藥箱花上二十小時的車程來訪，但他們總是無功而返，因為我拒絕見他們。我不再冒險許願，因為在我話都還沒說完之前，只需流星滑過的一瞬，魔毯馬上會讓我的願望成真。

我很喜歡將我們的獵犬隊和我們在英國那些狩獵相比，例如某天，在一段極其平常的對話中，我說到如果將西敏公爵在朗德供養的車馬隨從帶到伊頓霍爾別墅肯定會別有生趣。很快地，那三十個法國人，馴馬師和獵犬僕役就連夜渡過芒什海峽登陸英國。西敏公爵就像國王一樣穿過海峽，皇家海軍的戰船會用白色信號旗向他致意，領他穿過浮著燃油的直布羅陀海峽。

而這一切最終結果如何？盡是煩惱和寄生蟲。

永別，不再見

我試著在談論自己時不去想到自己，因為那些會想著自己的人都是已經死去的人。但是如果別人不再想起您，那麼您也與死無異了。我不得已決定自己登上舞臺，請您接受我的出場。

我這一生不過是一段童年時光的無限延展。我們在童年裡看到了命運，而詩意在命運裡扮演著它該有的角色。我什麼都沒忘記，我無知卻又像做好準備地離開了奧維涅。我從來就沒時間去想自己是否會不幸，是否會為了另一個人而存在，或是會不會有小孩。也許我孤獨的生活並非偶然。我是獅子座，占星學家也許明白這意味什麼。對男人來說，要和我一起生活非常困難，至少難以忍受。但如果他比我更強，我也不可能和他一起生活。

上帝賜給我最好的禮物就是讓我不去愛那些不愛我的人，而且讓我無視「嫉妒」這個愛情最普通的形式。

我從來就不是個英雄，但我選擇了我想成為的人，而我現在正如自己所願；即使我不被愛、不討人喜歡又如何。

我告訴您的這一切，凸顯的是我的缺點而非優點。我有一些極為迷人的優點，但同時也有令人難以忍受的缺點。我從一開始就提過，我非常驕傲；也許我錯了，我只是有點虛榮，真正驕傲的人非但不會承認，而且也無法形容。那是路易十四的驕傲，或是英國人的天性。你只要聽我講話，就會發現我靜不下來，而且我太多話；事實上，傾聽很容易讓別人快樂。而且，我忘得很快，而我又喜歡遺忘。我會撲向別人，強迫他們按照我的方式思考。改變主意會讓我害怕，傾聽別人則讓我厭煩——除非是在門後偷聽。別人所說的話從第一句開始就會讓我打顫，同時我還對一些無謂的爭論有著難以解釋的興趣。我很樂於在噪音、對話，或是吵雜混亂中工作。我努力在訴說的過程中找到快樂，我在談話中思索，也在談話中構思。

我既不聰明也不愚笨，但我覺得自己不是尋常人；但在法國，每個人都不尋常。我做生意，但我不是商人；我做愛，卻不是戀愛中的女人。我一生只愛過兩個男人，我想他們在人間或天堂都還會記得我，因為男人總會記得給他們招惹無數麻煩的女人。出於對公平的愛好，我對他人或對生活所盡的責任都沒有任何的原則。

世人相信我會發散出敵意和惡意。他們相信……確實，他們什麼都相信，惟獨不相信我在工作，不相信我因為在想著自己而忽略了他們。我很善良，只要別人別這樣告訴我，因為這會讓我反感，而且生氣。因為我脾氣暴躁、易怒、容易惹人生氣。

我身上呈現出許多只有自己才感興趣的衝突對比，但我對這些對比卻又習以為常。我只喜歡最羞怯或最大膽、最快樂或最哀傷的人。我本人並不強烈，而是這些個性對比太過強烈，這些強烈的對比在我小小身軀裡不停衝撞。我不喜歡聽人抱怨，但我卻喜歡抱怨，喜歡扮演犧牲者的角色。我對藥物避之唯恐不及，卻對製藥專家十分著迷，因為藥劑師對我所說的一切都很感興趣，而醫生卻根本不想聽我說話。

我一點兒也不輕佻，我有著女主人般的靈魂。我對一切都很嚴肅，我誠摯對待一切。在沒有存款的情況下，我不會讓自己透支。

我害怕孤獨，卻活在徹底的孤獨之中。為了不獨自吃飯，我請警衛為我站崗。我祈求不再孤獨，而這個世界讓我盼來的，卻只有忘恩負義。（也許，真正的慷慨就是體會到忘恩負義卻接受它。）如果讓我自生自滅，我知道憂鬱正張大嘴等著吞噬我……會讓別人煩惱的人都有劇毒，而煩惱在我身上就像劇毒般正發揮作用。善意讓我厭煩，而理性卻讓我痛苦。

每當我理性行事，理性就會招致不幸。

總之，我就是這樣，您明白了嗎？

是的，我還有截然不同的一面。

這些是我記憶裡的素材，還有別人扔進我花園裡的字字句句，以及我在鄰人眼裡所看見的自己的錯誤。

我告訴您的這一切可不是遺囑。

我不知道自己現在要走往何處，但我知道一切還沒結束。我清楚地看見已經到來的一切正向前推移，變成它們將要變成的東西。如果有人告訴我歐洲已成一片廢墟，那我會覺得歐洲是我的母親，我會永遠留在她身邊。如果有人再說出更嚴重的事情——歐洲已經過時，那我會毫無遺憾地離開這裡，就像我離開自己的家庭一樣；我會在沒有它的情況下繼續前行或重新開始。

如果未來的歐洲和過去的歐洲截然不同，我會適應它；但如果恰好相反，若它還是原來的樣子而且更加貧窮、更為醜惡（我想寫成「醜陋」，但那並不是醜陋，而是「醜惡」），我會離開。「但巴黎就是時尚！」有人這樣對我說。我回答他：「那也得巴黎仍是巴黎，歐洲仍是歐洲。只要我的客人喜歡香腸甚於禮服，只要我的店裡進出的都是身著制服的美國軍官……那巴黎就不再是巴黎，而歐洲也不再是歐洲。事實上，那些軍官都是以前的客人，他們的上校撲過來擁抱我說，他叫做瑪德萊娜．卡羅爾。」

我相信，這世界上將發生的一切，都不會在歐洲發生，這就是真正的悲劇。但我希望自己是屬於未來的人，我要去需要我的地方。我準備好要拖垮所有的社會，就像人們累垮馬匹一樣。

我應該到別的地方去，應該做一點別的事情，我準備好要重新開始了。

就讓死亡見鬼去吧！堅持活下去！（但另一方面，我總有強烈的好奇心。我想去天堂為天使設計服裝，因為我已經在人間與其他的「天使們」一起創造了我的地獄。）

總之，在我有生之年，我不會休息，沒有什麼事比休息更讓我疲倦和不快。我很清楚我在天堂會有多煩惱，光在飛機上我就已經比在地上煩惱許多。

我從事時裝業，只是出於偶然，我製造香水也是。現在我要開始著手其他的事情了。什麼事？我不知道。此時偶然仍主宰一切，但我已準備就緒。接下來會有很長一段時間，我都不會對您說再見。時間到了，我想我該撲向我能力範圍內的事物了。

四分之一個世紀以來，我不停地創造時尚；我不會再重新開始，時代已經覆滅，這已不再是我的時代了……

我沒失敗過，我所做的一切都是徹底的成功，我為世人帶來的多是溫柔而非苦難。因此，和其他人相較，我在道德層面上可以安心了，這讓我像鳥兒一樣自由。沙特曾說我很可悲，說我被禁閉在身為人類的狀態中（正如拉薩爾[1]在馬克思主義的開頭所說，「應該讓工人知道他們是不幸的」）。我決定讓自己幸福，我不需要世人新發明的這種毒藥，名曰「幸福」。

我發明了令人讚嘆而且有用的東西，這些發明曾讓一些人變得貧乏，也讓一些人看起來富有，但兩種狀況都讓我覺得噁心。

我有一個很喜歡的女性朋友，她卻欺騙了我。

我在身邊播種善意，收成的卻只有侮辱。

我想改善工人的境遇，結果卻變得更糟。

我愛過兩個男人，當面對婚姻選擇時，我會嫁給第一個而放棄第二個。

我把衣服給了這個世界，但這世界現在卻如此赤裸。

這一切都讓我非常開心，這一切都滿足了我對破壞和變化的興趣。人在生命支離破碎之際才能了解生命，這世界不過是一場鬥爭和混亂。和塞爾特曾說過的恰好相反，我會死得很慘，因為只要一到九泉之下，我就會開始焦躁不安。我只想回到人間，捲土重來。

1 Ferdinand Lassalle：（1825-1864）出身德國的猶太裔法學家，政治人物。

國家圖書館出版品預行編目資料

我沒時間討厭你——香奈兒的孤傲與顛世／保羅・莫朗（Paul Morand）著；段慧敏譯. -- 初版. -- 臺北市：麥田，城邦文化出版：家庭傳媒城邦分公司發行，2010.09
面；　公分. --（People；8）
譯自：L'allure de Chanel
ISBN 978-986-120-289-1（平裝）

1. 香奈兒（Chanel, Coco, 1883-1971）　2. 傳記

784.28　　　　99016217

People 8

我沒時間討厭你——香奈兒的孤傲與顛世

作　　者　保羅・莫朗（Paul Morand）
譯　　者　段慧敏
責任編輯　林家任　吳惠貞

編輯總監　劉麗真
總 經 理　陳逸瑛
發 行 人　凃玉雲
出　　版　麥田出版
城邦文化事業股份有限公司
台北市中山區民生東路二段141號5樓
電話：02-2500-7696　傳真：02-2500-1966
部落格：http://blog.pixnet.net/ryefield
發　　行　英屬蓋曼群島商家庭傳媒股份有限公司城邦分公司
台北市中山區民生東路二段141號11樓
書虫客服服務專線：02-2500-7718・02-2500-7719
24小時傳真服務：02-2500-1990・02-2500-1991
服務時間：週一至週五09:30-12:00・13:30-17:00
郵撥帳號：19863813　戶名：書虫股份有限公司
讀者服務信箱E-mail：service@readingclub.com.tw
香港發行所　城邦（香港）出版集團有限公司
香港灣仔駱克道193號東超商業中心1樓
電話：(852) 2508-6231　傳真：(852) 2578-9337
E-mail：hkcite@biznetvigator.com
馬新發行所　城邦（馬新）出版集團【Cite(M)Sdn. Bhd】
41, Jalan Radin Anum, Bandar Baru Sri Petaling,
57000 Kuala Lumpur, Malaysia
電話：(603) 90578822　傳真：(603) 90576622
E-mail：cite@cite.com.my
封面設計　鄭宇斌
印　　刷　前進彩藝有限公司
初版一刷　2010年9月
初版十四刷　2014年1月

定價：240元
ISBN：978-986-120-289-1

城邦讀書花園
www.cite.com.tw

cité 城邦 麥田出版

Rye Field Publications
A division of Cité Publishing Ltd.

廣 告 回 函
北區郵政管理局登記證
台北廣字第000791號
免 貼 郵 票

英屬蓋曼群島商
家庭傳媒股份有限公司城邦分公司
104 台北市民生東路二段141號2樓

▼

請沿虛線折下裝訂，謝謝！

讀者回函卡

謝謝您購買我們出版的書。請將讀者回函卡填好寄回，我們將不定期寄上城邦集團最新的出版資訊。

姓名：________________ 電子信箱：________________

聯絡地址：□□□ ________________

電話：（公）________ 分機 ____ （宅）________

身分證字號：________________（此即您的讀者編號）

生日：____年____月____日 性別：□男 □女

職業：□軍警 □公教 □學生 □傳播業 □製造業 □金融業 □資訊業 □銷售業
□其他 ________________

教育程度：□碩士及以上 □大學 □專科 □高中 □國中及以下

購買方式：□書店 □郵購 □其他 ________________

喜歡閱讀的種類：（可複選）

□文學 □商業 □軍事 □歷史 □旅遊 □藝術 □科學 □推理 □傳記
□生活、勵志 □教育、心理 □其他 ________________

您從何處得知本書的消息？（可複選）

□書店 □報章雜誌 □廣播 □電視 □書訊 □親友 □其他 ________

本書優點：（可複選）

□內容符合期待 □文筆流暢 □具實用性 □版面、圖片、字體安排適當
□其他 ________________

本書缺點：（可複選）

□內容不符合期待 □文筆欠佳 □內容保守 □版面、圖片、字體安排不易閱讀
□價格偏高 □其他 ________________

您對我們的建議：________________

____

____